Derechos y beneficios fiscales y empresariales para el ejercicio 2017

Derechos y beneficios fiscales y empresariales para el ejercicio 2013

Victor Francisco Lechuga Ortiz

Número de Control de la Biblioteca del Congreso de EE. UU.:   2013919440
ISBN: Tapa Dura   978-1-4633-6843-2
                         Tapa Blanda   978-1-4633-6842-5
                         Libro Electrónico   978-1-4633-6881-4

La información, ideas y sugerencias en este libro no tienen la intención de prestar ningún asesoramiento profesional. Antes de seguir las sugerencias contenidas en este libro, usted debe consultar a su contable o asesor financiero. Ni el autor ni el editor de la obra se hacen responsables por cualquier pérdida o daño que supuestamente se deriven como consecuencia del uso o aplicación de cualquier información o sugerencias contenidas en este libro.

Este libro fue impreso en los Estados Unidos de América.

Fecha de revisión: 04/11/2013

Para realizar pedidos de este libro, contacte con:
Palibrio LLC
1663 Liberty Drive
Suite 200
Bloomington, IN 47403
Gratis desde EE. UU. al 877.407.5847
Gratis desde México al 01.800.288.2243
Gratis desde España al 900.866.949
Desde otro país al +1.812.671.9757
Fax: 01.812.355.1576
ventas@palibrio.com
484661

Índice

UNIVERSIDAD VIZCAYA DE LAS AMÉRICAS – CAMPUS MANZANILLO

MAESTRIA EN DERECHO FISCAL Y CORPORATIVO

TITULO DE LA INVESTIGACIÓN
LIBRO "DERECHOS Y BENEFICIOS FISCALES EMPRESARIALES PARA EL EJERCICIO 2013"

QUE PARA OBTENER EL TÍTULO DE MAESTRO
EN DERECHO FISCAL Y CORPORATIVO

PRESENTAN
ANEXO DE EGRESADOS

ASESORES
C.P Y M.F. Serafín Santamaría Sánchez y
Dra. María de Jesus Valdovinos Pichardo

Manzanillo, Colima, México.
2013

AGRADECIMIENTOS

Este libro no hubiera sido posible sin el interés, trabajo y animo de cada uno de los coautores que participaron en la elaboración del mismo, así como el apoyo incondicional de la Universidad Vizcaya de la Américas, el apoyo tanto de contenido así como la redacción del mismo de los tutores que es parte esencial del desarrollo y publicación del libro.

Las diversas correcciones al mismo fueron producto de diversos e intensos debates, búsqueda de la información, por el grupo de coautores conformado por Ricardo Anguiano Carrizales, Rita Carrillo Arellano, Francisco Javier Casillas Melchor, Adriana Deniz Estrada, Pedro González Mojica, Elizabeth Gudiño Mendoza, Víctor Francisco Lechuga Ortiz, Yanira Martínez Contreras, Angélica María Mejía Herrera, Mirsha Alejandro Pizano Vargas, Ana Estefanía Ponce de León, Cesar Iván Reyna Sánchez, Martha Alicia Rivas Delgado, Juan Carlos Villafania Díaz, Olympia del Carmen Yáñez Ventura.

Dedicamos este libro a nuestra familia por la cual hemos hecho este tremendo esfuerzo para formalmente obtener el grado de maestría en derecho fiscal y corporativo

PROLOGO

Siempre es una grata satisfacción prologar el surgimiento a luz de una nueva obra, placer que va en aumento cuando se percibe que la misma tendrá un cierto grado de utilidad o interés entre los profesionistas del ramo Fiscal, Legal y Académico.

Es de gran acierto de la Universidad Vizcaya de las Américas Campus Manzanillo Colima, que promueva la investigación entre los egresados de sus posgrados, ya que cuenta con una mezcla de profesionistas tales como Contadores, Abogados, Licenciados en Comercio Exterior y Administradores.

Se tratan de autores por los que tengo una gran estima debido a que fui testigo de la creación e integración de la obra y de sus planteamientos que son bastantes claros, acorde a las disposiciones fiscales enmarcadas por la autoridad.

El presente libro viene a precisar la diferencia entre los derechos y beneficios, la estructura por cada uno de los regímenes fiscales existentes, así como de los impuestos que se encuentran normados.

En esta obra se abordan capítulos sobre las Personas Morales y Físicas con Actividades Empresariales más importantes fiscalmente y en materia de comercio exterior, explicando de manera didáctica, cada uno de los derechos y beneficios vigentes, contenidos en las diversas disposiciones fiscales que el contribuyente podrá aplicar de acuerdo a sus necesidades.

Agradezco el espacio para compartir con los lectores los conocimientos que me generó esta obra y felicitar a los escritores por su excelente trabajo.

INTRODUCCIÓN

El grupo de maestría en Derecho Fiscal y Corporativo, de la Universidad Vizcaya de las Américas, presenta este libro denominado *"Derechos y Beneficios Fiscales Empresariales 2013"*, ya que hoy en día el empresario, sea persona física o moral necesita, de manera indispensable, tener como herramienta un estudio detallado de los mismos, buscando así una certeza jurídica y fiscal, con el fin de optimizar los recursos financieros de los mismos.

El estudio se origina debido a las cargas fiscales que tienen los contribuyentes, como el nacimiento de impuestos como el IETU a partir del 2008; y en julio de ese mismo año del IDE; el incremento de la tasa del IVA en el 2010 del 15 al 16% así como sus retenciones; en el ISR el incremento al 30% en el 2010; así como las diferentes cargas administrativas que solicita el SAT mes con mes.

Los derechos son consideraciones en favor del contribuyente plasmados en las leyes impositivas y adjetivas y su reglamento, que para el presente trabajo fueron consideradas las siguientes: ley del impuesto sobre la renta, ley del impuesto al valor agregado, ley del impuesto empresarial a tasa única, ley del impuesto sobre producción y servicios, ley del impuesto a los depósitos en efectivo, código fiscal de la federación y el comercio exterior.

Los beneficios son consideraciones a la base impositiva expresadas como estímulos, facilidades o beneficios, y corresponden en un análisis realizado a los decretos, resolución miscelánea, facilidades administrativas y criterios que emanan del poder ejecutivo en relación a las ya citadas leyes impositivas.

Con esta información se busca que el contribuyente cumpla con sus obligaciones fiscales en tiempo y forma, estando consciente de que esta lo bastante informado para que aplique todo aquello que le favorezca.

Capitulo I

LEY DEL IMPUESTO SOBRE LA RENTA

1.1 Personas morales

1.1.1 Régimen general

1.1.1.1 Derechos

1.1.1.1.1 Doble tributación

Tratándose de los beneficios mencionados en los tratados internacionales para evitar la doble tributación en materia de ISR, sólo les serán aplicables a los contribuyentes que acrediten ser residentes en el país de que se trate y cumplan con las disposiciones del propio tratado y de las demás disposiciones de procedimiento contenidas en esta Ley, incluyendo las obligaciones de registro, de presentar dictámenes y de designar representante legal[1].

---

[1]   Lechuga, Santillán Efraín, Fisco Agenda 2012, 43a Ed. México 2013, ISEF

1.1.1.1.2 Dividendos distribuidos

Sobre este en particular y tratándose exclusivamente de personas morales que distribuyan dividendos o utilidades y como consecuencia de ello paguen el impuesto que establecido en el artículo 11 LISR[2], podrán acreditar dicho impuesto de acuerdo a lo siguiente:

El acreditamiento únicamente podrá efectuarse contra el impuesto sobre la renta del ejercicio que resulte a cargo de la persona moral en el ejercicio en el que se pague el impuesto a que se refiere este artículo. El monto del impuesto que no se pueda acreditar conforme al párrafo anterior, se podrá acreditar hasta en los dos ejercicios inmediatos siguientes contra el impuesto del ejercicio y contra los pagos provisionales de los mismos. Cuando el impuesto del ejercicio sea menor que el monto que se hubiese acreditado en los pagos provisionales, únicamente se considerará acreditable contra el impuesto del ejercicio un monto igual a este último.

1.1.1.1.3 Coeficiente de utilidad

Los contribuyentes que estén en el supuesto de estimar el coeficiente de utilidad que deben aplicar para determinar los pagos provisionales y que sea superior al del ejercicio al que correspondan dichos pagos, podrán, a partir del segundo semestre del ejercicio, solicitar autorización para disminuir su monto. Esto de acuerdo a lo estipulado por el numeral 15.

1.1.1.1.4 Deudas perdonadas

Hablando de deudas, y en este caso de las perdonadas por los acreedores[3], los contribuyentes que se encuentren sujetos a un procedimiento de concurso mercantil, esta ley les permite disminuir su monto, conforme al convenio suscrito con los acreedores reconocidos, en los términos establecidos en la Ley de Concursos Mercantiles; de las pérdidas pendientes de disminuir que tengan en el ejercicio en el que dichos acreedores les perdonen las deudas.

---

[2] Pérez, Chávez José; Fol Olguín, Raymundo; Taller de Practicas Fiscales, Ed. Taxx Editores, 24a Ed. México 2013

[3] Cámara de Diputados del H. Congreso de la Unión, Ley del Impuesto Sobre la Renta, vigente 2013, D.O.F. 1º Enero 2002, Última Reforma D.O.F. 31 Diciembre 2010.

En el caso de que el monto de las deudas perdonadas sea mayor a las pérdidas fiscales pendientes de disminuir, la diferencia que resulte no se considerará como ingreso acumulable.

1.1.1.1.5 Ingresos al cobro

El artículo 18 LISR[4] considera que los ingresos se obtienen en el momento en que se cobre el precio o la contraprestación pactada, tratándose de los siguientes:

a) Por la prestación de servicios personales independientes que obtengan las sociedades o asociaciones civiles.
b) Por el servicio de suministro de agua potable para uso doméstico.
c) Por recolección de basura doméstica que obtengan los organismos descentralizados, los concesionarios, permisionarios o empresas autorizadas.

De igual manera, en la obtención de ingresos que provengan de contratos de arrendamiento financiero, los contribuyentes tienen la opción de considerar como ingreso obtenido en el ejercicio el total del precio pactado o la parte del precio exigible durante el mismo.

El mencionado artículo, señala que en el caso de enajenaciones a plazo los contribuyentes podrán optar por considerar como ingreso obtenido en el ejercicio el total del precio pactado, o bien, solamente la parte del precio cobrado durante el mismo.

No hay que olvidar que las opciones mencionadas en los dos párrafos anteriores, deberán ser ejercidas por la totalidad de las enajenaciones o contratos. La opción podrá cambiarse sin requisitos una sola vez, pero, tratándose del segundo y posteriores cambios, deberán transcurrir cuando menos cinco años desde el último cambio.

1.1.1.1.6 Deducción del costo en las enajenaciones

Cuando se determine la ganancia por:

a) La enajenación de terrenos,

---

[4] Pérez, Chávez José; Fol Olguín, Raymundo; Agenda Tributaria Correlacionada, Ed. Taxx Editores, 15a Ed. México 2013.

b) Títulos valor que representen la propiedad de bienes, excepto tratándose de mercancías,
c) Materias primas,
d) Productos semiterminados o terminados,
e) Títulos valor cuyos rendimientos no se consideran intereses,
f) Piezas de oro o de plata que hubieran tenido el carácter de moneda nacional o extranjera y de las piezas denominadas onzas troy.

Los contribuyentes tendrán el derecho a restar del ingreso obtenido por la enajenación el monto original de la inversión[5], además obtendrá un beneficio adicional ya que podrá ajustar multiplicándolo por el factor de actualización correspondiente al periodo comprendido desde el mes en el que se realizó la adquisición y hasta el mes inmediato anterior a aquél en el que se realice la enajenación.

1.1.1.1.7 Opción de no pagar con cheques

Los pagos con cheque es sabido que son obligatorios y deben ser nominativos, además de contar con la ya famosa leyenda "para abono en cuanta del beneficiario" podrán pagar mediante traspasos de cuentas en instituciones de crédito o casas de bolsa. En este sentido las autoridades fiscales podrán liberar de la obligación de pagar con cheques nominativos, tarjetas de crédito, de débito, de servicios o mediante traspasos de cuentas en instituciones de crédito, cuando los pagos se efectúen en poblaciones o en zonas rurales, sin servicios bancarios[6].

Los contribuyentes podrán optar por considerar como comprobante fiscal para los efectos de las deducciones autorizadas en este Título, los originales de los estados de cuenta en los que se consigne el pago Y siempre que se cumplan los requisitos que establece el Código Fiscal de la Federación.

1.1.1.1.8 Deducción de erogaciones estimadas

Los contribuyentes que realicen obras consistentes en desarrollos inmobiliarios o fraccionamientos de lotes, los que celebren contratos de obra inmueble o de fabricación de bienes de activo fijo de largo proceso de fabricación y los prestadores del servicio turístico del sistema de tiempo

[5] SICCO, S.A DE C.V., Leyes PAF Fiscal 2013, Ed. Gasca, 6a Ed. México 2013.
[6] Lechuga, Santillán Efraín, Fisco Agenda 2013, 43a Ed. México 2013, ISEF

compartido, podrán deducir las erogaciones estimadas relativas a los costos directos e indirectos de esas obras[7] o de la prestación del servicio, en los ejercicios en que obtengan los ingresos derivados de las mismas, en lugar de las deducciones establecidas en los artículos 21 y 29 de esta Ley.

1.1.1.1.9 Deducción de inversiones en porcientos menores

En inversiones el contribuyente podrá aplicar por cientos menores a los autorizados por esta Ley. El por ciento elegido será obligatorio y podrá cambiarse, sin exceder del máximo autorizado. Tratándose del segundo y posteriores cambios deberán transcurrir cuando menos cinco años desde el último cambio.

Así mismo las inversiones empezarán a deducirse, a elección del contribuyente, a partir del ejercicio en que se inicie la utilización de los bienes o desde el ejercicio siguiente.

Cuando el contribuyente enajene los bienes o cuando éstos dejen de ser útiles para obtener los ingresos, deducirá, en el ejercicio en que esto ocurra, la parte aún no deducida[8].

Los contribuyentes ajustarán la deducción multiplicándola por el factor de actualización correspondiente al periodo comprendido desde el mes en el que se adquirió el bien y hasta el último mes de la primera mitad del periodo en el que el bien haya sido utilizado durante el ejercicio por el que se efectúe la deducción.

1.1.1.1.10 Erogaciones pre-operativas

En el caso de deducción de erogaciones en periodos pre-operativos y de regalías y de asistencia técnica, si se concretan en el mismo ejercicio en el que se realizó la erogación, la deducción podrá efectuarse en su totalidad en dicho ejercicio[9].

Tratándose de contribuyentes que se dediquen a la explotación de yacimientos de mineral, éstos podrán optar por deducir las erogaciones

---

[7]   Lechuga, Santillán Efraín, Fisco Agenda 2012, 43a Ed. México 2013, ISEF

[8]   SICCO, S.A DE C.V., Leyes PAF Fiscal 2013, Ed. Gasca, 6a Ed. México 2013.

[9]   Lechuga, Santillán, Efraín (2013). Fisco Agenda. México: ISEF.

realizadas en periodos pre-operativos, en el ejercicio en que las mismas se realicen. Dicha opción deberá ejercerse para todos los gastos pre-operativos que correspondan a cada yacimiento en el ejercicio de que se trate.

1.1.1.1.11 Reglas de deducciones

En el caso de que los contribuyentes cuya actividad preponderante consista en el otorgamiento del uso o goce temporal de aviones o automóviles, podrán efectuar la deducción total del monto original de la inversión del avión o del automóvil de que se trate, excepto cuando dichos contribuyentes otorguen el uso o goce temporal de aviones o automóviles a otro contribuyente, cuando alguno de ellos, o sus socios o accionistas, sean a su vez socios o accionistas del otro, o exista una relación que de hecho le permita a uno de ellos ejercer una influencia preponderante en las operaciones del otro.

Las construcciones, instalaciones o mejoras permanentes en activos fijos tangibles, propiedad de terceros, que de conformidad con los contratos de arrendamiento o de concesión respectivos queden a beneficio del propietario y se hayan efectuado a partir de la fecha de celebración de los contratos mencionados, se deducirán en los términos de esta Sección. Cuando la terminación del contrato ocurra sin que las inversiones deducibles hayan sido fiscalmente redimidas, el valor por redimir podrá deducirse en la declaración del ejercicio respectivo[10].

1.1.1.1.12 Las pérdidas de bienes del contribuyente

En este sentido las autoridades atinadamente facilita, que cuando el contribuyente reinvierta la cantidad recuperada en la adquisición de bienes de naturaleza análoga a los que perdió, o bien, para redimir pasivos por la adquisición de dichos bienes, únicamente acumulará la parte de la cantidad recuperada no reinvertida o no utilizada para redimir pasivos. La cantidad reinvertida que provenga de la recuperación sólo podrá deducirse mediante la aplicación del por ciento autorizado por esta Ley sobre el monto original de

---

[10]   Cámara de Diputados del H. Congreso de la Unión, Ley del Impuesto Sobre la Renta, vigente 2013, D.O.F. 1º Enero 2002, Última Reforma D.O.F. 31 Diciembre 2010.

la inversión del bien que se perdió y hasta por la cantidad que de este monto estaba pendiente de deducirse a la fecha de sufrir la pérdida[11].

1.1.1.1.13 Del costo de venta del contribuyente

Como medida cautelar de debe optar de acuerdo a la necesidad de la empresa, que los contribuyentes, utilicen para determinar el costo, cualquiera de los métodos de valuación de inventarios que se señalan a continuación[12]:

a. Primeras entradas primeras salidas (PEPS).
b. Últimas entradas primeras salidas (UEPS).
c. Costo identificado.
d. Costo promedio.
e Detallista.

1.1.1.1.14 De la acumulación de ganancias en acciones

Las autoridades permiten que las sociedades de inversión de capitales puedan acumular las ganancias por enajenación de acciones, los intereses y el ajuste anual por inflación, hasta el ejercicio en el que distribuyan dividendos a sus accionistas[13].

1.1.1.1.15 Disminución de perdidas

Haciendo un recordatorio la pérdida fiscal se obtendrá de la diferencia entre los ingresos acumulables del ejercicio y las deducciones autorizadas por esta Ley, y cuando el monto de estas últimas sea mayor que los ingresos. Al resultado obtenido se incrementará, en su caso, con la participación de los trabajadores en las utilidades de las empresas pagada en el ejercicio en los términos del artículo 123 de la Constitución Política de los Estados Unidos Mexicanos.

---

[11] Pérez, Chávez José; Fol Olguín, Raymundo; Agenda Tributaria Correlacionada, Ed. Taxx Editores, 15a Ed. México 2013.

[12] Lechuga, Santillán Efraín, Fisco Agenda 2012, 43a Ed. México 2013, ISEF

[13] Cámara de Diputados del H. Congreso de la Unión, Ley del Impuesto Sobre la Renta, vigente 2013, D.O.F. 1º Enero 2002, Última Reforma D.O.F. 31 Diciembre 2010.

En ese sentido La pérdida fiscal ocurrida en un ejercicio podrá disminuirse de la utilidad fiscal de los diez ejercicios siguientes[14] hasta agotarla.

1.1.1.1.16 Pagos provisionales semestrales a los simplificados

Los contribuyentes del Régimen Simplificado que se dediquen a actividades agrícolas, ganaderas, pesqueras o silvícolas, podrán realizar pagos provisionales ssemestrales aplicando en lo conducente el artículo 127 de esta Ley del ISR, respecto del impuesto que corresponda a dichas actividades[15].

1.1.1.2 Beneficios

1.1.1.2.1 Ley de ingresos de la federación

Cumplimiento de resoluciones

La Ley de Ingresos de la Federación faculta al Ejecutivo Federal, para que durante el ejercicio fiscal de 2013 otorgue los beneficios fiscales que sean necesarios para dar debido cumplimiento a las resoluciones derivadas de la aplicación de mecanismos internacionales para la solución de controversias legales que determinen una violación a un tratado internacional.L.I.F. 2013.

En este sentido es importante señalar que aunque pareciera que el Contribuyente, no se beneficie con este Derecho con el que se le faculta al Ejecutivo Federal, resulta claro, que en cuanto el Ejecutivo emita algún Decreto utilizando este Derecho que se le otorgo, en ese momento nace el Derecho del contribuyente al beneficio fiscal, ya sea que se plasme en Ley, en Decreto, en Resolución miscelánea, en Criterios Normativos, en Disposiciones Transitorias ya sea de vigencia anual o temporal, en Resoluciones Particulares, etc.

Dentro de la Ley de Ingresos de la Federación existe un derecho que se tiene a la disminución real de los recargos cuando existe prorroga en el pago de los créditos fiscales, esto es en relación a los pagos en plazos y siempre que este sea autorizado de acuerdo al Código Fiscal de la Federación. Artículo 8 L.I.F. 2013

---

[14] Pérez, Chávez José; Fol Olguín, Raymundo; Agenda Tributaria Correlacionada, Ed. Taxx Editores, 15a Ed. México 2013.

[15] SICCO, S.A DE C.V., Leyes PAF Fiscal 2012, Ed. Gasca, 6a Ed. México 2013.

La Ley de Ingresos en materia de estímulos fiscales para este año, otorga un estímulo fiscal a las personas que realicen actividades empresariales, excepto minería, para que al determinar su utilidad puedan deducir el diesel que adquieran para su consumo final, siempre que se utilice exclusivamente como combustible en maquinaria en general, excepto vehículos, consistente en permitir el acreditamiento del impuesto especial sobre producción y servicios a que se refiere el artículo 2o.-A, fracción I de la Ley del Impuesto Especial sobre Producción y Servicios que Petróleos Mexicanos y sus organismos subsidiarios hayan causado por la enajenación de dicho combustible.

Además las personas que adquieran diesel para su consumo final en las actividades agropecuarias o silvícolas a que se refiere la fracción I del presente artículo podrán solicitar la devolución del monto del impuesto especial sobre producción y servicios que tuvieran derecho a acreditar en los términos del párrafo que antecede, en lugar de efectuar el acreditamiento a que la misma se refiere, podrán solicitar la devolución y serán únicamente aquéllas cuyos ingresos en el ejercicio inmediato anterior no hayan excedido de veinte veces el salario mínimo general correspondiente al área geográfica del contribuyente elevado al año.

Existe un estímulo fiscal a los contribuyentes que adquieran diesel para su consumo final y que sea para uso automotriz en vehículos que se destinen exclusivamente al transporte público y privado, de personas o de carga, consistente en permitir el acreditamiento del impuesto especial sobre producción y servicios a que se refiere el artículo 2o.-A, fracción I de la Ley del Impuesto Especial sobre Producción y Servicios, que Petróleos Mexicanos y sus organismos subsidiarios hayan causado por la enajenación de este combustible.

Así mismo se otorga un estímulo fiscal a los contribuyentes que se dediquen exclusivamente al transporte terrestre público y privado, de carga o pasaje que utilizan la Red Nacional de Autopistas de Cuota, consistente en permitir un acreditamiento de los gastos realizados en el pago de los servicios por el uso de la infraestructura carretera de cuota hasta en un 50 por ciento del gasto total erogado por este concepto.

En materia de condonaciones, los patrones y demás sujetos obligados que espontáneamente regularicen sus adeudos fiscales con el Instituto Mexicano del Seguro Social, generados hasta el 30 de junio de 2010, derivados de cuotas obrero patronales, capitales constitutivos, gastos realizados por dicho Instituto por inscripciones improcedentes y los que éste tenga derecho a exigir de las personas no derechohabientes, podrán solicitar la condonación de recargos y multas impuestas en términos de la Ley del Seguro Social y sus reglamentos, siempre que paguen el monto total de tales adeudos en una sola exhibición. Artículo 16- A-I-III-IV-V; B L.I.F. 2013

1.1.2 Régimen simplificado

1.1.2.1 Introducción

Desde el inicio del régimen simplificado se ha destacado por dar el mayor número de derechos y beneficios fiscales a los sujetos que tributen en el, ya sea por facilidades administrativas, reglas de resolución miscelánea, Reglamento de Impuesto Sobre la Renta así como en la misma Ley del Impuesto Sobre la Renta; ya sea como simplificado dividendos, simplificado coordinado así como simplificado integradora.

El objeto del presente capítulo es hacer un estudio completo de los derechos y beneficios fiscales así como de diversos temas de carácter constitucional y legal en los cuales está sujeto los contribuyentes del régimen simplificado en el ejercicio fiscal del 2013.

Consideramos este régimen muy importante ya que en él se encuentra a nuestro criterio el sector productivo importante de nuestro país, y que a su vez no cuentan con las diversas herramientas fiscales para acentuar su cultura fiscal, provocando así que muchas de estas empresas así como aparecen desaparecen debido a la mala administración y falta de planeación fiscal.

Así como mencionar los apoyos económicos gubernamentales existentes, así como las diversas herramientas legales en beneficio del sector productivo que tributa en este régimen.

1.1.2.2 Sujetos

Los sujetos a este régimen durante el ejercicio del 2013 son los que se encuentran en el capítulo VII en el artículo 79 de la Ley del ISR en las fracciones I a la V, que a continuación se desglosa:

I. Las dedicadas exclusivamente al autotransporte terrestre de carga o de pasajeros, siempre que no presten preponderantemente sus servicios a otra persona moral residente en el país o en el extranjero, que se considere parte relacionada.

II. Las de derecho agrario que se dediquen exclusivamente a actividades agrícolas, ganaderas o silvícolas, así como las demás personas morales que se dediquen exclusivamente a dichas actividades.
III. Las que se dediquen exclusivamente a actividades pesqueras.
IV. Las constituidas como empresas integradoras.
V. Las sociedades cooperativas de auto-transportistas dedicadas exclusivamente al autotransporte terrestre de carga o de pasajeros.

Además se consideran a los coordinados, que se define como coordinado la persona moral que administra, opera activos fijos y terrenos, relacionados directamente con la actividad del autotransporte terrestre de carga o de pasajeros y cuyos integrantes realicen actividades de autotransporte terrestre de carga o pasajeros o complementarias a dichas actividades y tengan activos fijos o activos fijos y terrenos, relacionados directamente con dichas actividades, este sujeto se encuentra en artículo 80 Fracción III Ley ISR.

Cuando hace mención a las personas del derecho agrario, se menciona a las que se dediquen a las actividades agrícolas, ganaderas o silvícolas, o bien personas morales en las actividades ya citadas.

Existe la opción de las personas mediante la copropiedad, cuando las personas físicas realicen actividades en copropiedad y opten por tributar por conducto de personas morales o de coordinados en los términos de este capítulo, dichas personas morales o coordinadas serán quienes cumplan con las obligaciones fiscales de la copropiedad y se considerarán como representantes comunes de las mismas.

Excluye a las personas morales que consoliden sus resultados fiscales en los términos del Capítulo VI del Título II de esta ley. Igualmente, no será aplicable lo dispuesto en este capítulo a las personas morales que presten servicios de naturaleza previa o auxiliar para el desarrollo de las actividades de autotransporte terrestre de carga o de pasajeros, excepto cuando se trate de coordinados.[16]

---

[16] SAT (2013). SUJETOS DEL REGIMEN SIMPLIFICADO.. Consultado en 19 AGOSTO 2012 en http://www.sat.gob.mx/sitio_internet/informacion_fiscal/legislacion/52_22066.html.

1.1.2.3 Derechos

1.1.2.3.1 Pagos semestrales y reducción de impuesto en actividades agrícolas

En el artículo 81 fracción I en su segundo párrafo de Ley ISR establece que los contribuyentes que se dediquen a actividades agrícolas, ganaderas, pesqueras o silvícolas, podrán realizar pagos provisionales semestrales aplicando en lo conducente el artículo 127 de esta ley, respecto del impuesto que corresponda a dichas actividades.

Así como también en el antepenúltimo párrafo de la fracción V del articulo antes citado dice que contribuyentes de este capítulo que se dediquen exclusivamente a las actividades agrícolas, ganaderas, pesqueras o silvícolas, reducirán el impuesto determinado conforme a la fracción II de este artículo en un 25.00%.[17]

1.1.2.3.2 Exención de ingresos en actividades agrícolas

En el último párrafo del Artículo 81 se menciona que las personas morales que se dediquen exclusivamente a las actividades agrícolas, ganaderas, silvícolas o pesqueras, no pagarán el ISR por los ingresos provenientes de dichas actividades hasta por un monto, en el ejercicio, de veinte veces el salario mínimo general correspondiente al área geográfica del contribuyente, elevado al año, por cada uno de sus socios o asociados siempre que no exceda, en su totalidad, de 200 veces el salario mínimo general correspondiente al área geográfica del Distrito Federal, elevado al año. Tratándose de ejidos y comunidades, no será aplicable el límite de 200 veces el salario mínimo.

1.1.2.3.3 Opción de declarar los impuestos mediante coordinados o individualmente

El artículo 83 en su cuarto párrafo dice que las personas físicas o morales, podrán optar porque cada coordinado de los que sean integrantes efectúe por su cuenta el pago del ISR, respecto de los ingresos que obtengan del coordinado de que se trate, aplicando a la utilidad gravable a que se refiere el párrafo anterior la tasa establecida en el artículo 10 de esta ley, tratándose de personas morales o la tasa máxima para aplicarse sobre el excedente del límite

---

[17]   SAT (2013). PENULTIMO PARRAFO ARTICULO 81.. Consultado en 19 AGOSTO 2013 en http://www.sat.gob.mx/sitio_internet/informacion_fiscal/ legislacion/52_22066.html.

inferior que establece la tarifa contenida en el artículo 177 de la misma en el caso de personas físicas. Dicho pago se considerará como definitivo. Una vez ejercida la opción a que se refiere este párrafo, ésta no podrá variarse durante el periodo de cinco ejercicios contados a partir de aquél en el que se empezó a ejercer la opción citada.

La opción a que se refiere este párrafo también la podrán aplicar las personas físicas o morales que sean integrantes de un solo coordinado. Quienes opten por efectuar el pago del ISR en los términos del párrafo anterior, deberán presentar un aviso ante las autoridades fiscales e informar por escrito a los coordinados que ejercerán dicha opción, a más tardar en la fecha en que deba efectuarse el primer pago provisional.

Las personas físicas integrantes de personas morales que realicen actividades de autotransporte terrestre de carga o de pasajeros, podrán cumplir con las obligaciones establecidas en esta ley en forma individual, siempre que administren directamente los vehículos que les correspondan o los hubieran aportado a la persona moral de que se trate[18]. Cuando opten por pagar el impuesto en forma individual deberá dar aviso a las autoridades fiscales y comunicarlo por escrito a la persona moral o al coordinado respectivo, a más tardar en la fecha en que deba efectuarse el primer pago provisional del ejercicio de que se trate.[19]

1.1.2.3.4 Aplicación de gastos comunes

Las personas físicas que hayan optado por pagar el impuesto individualmente, podrán deducir los gastos realizados durante el ejercicio que correspondan al vehículo que administren, incluso cuando la documentación comprobatoria de los mismos se encuentre a nombre de la persona moral, siempre que dicha documentación reúna los requisitos que señalen las disposiciones fiscales e identifique al vehículo al que corresponda.[20]

---

[18] PEREZ CHAVEZ CAMPEROS POL (2013). AUTOTRANSPORTISTAS OBLOGACIONES FISCALES (PRIMERA edición). MEXICO DF: TAXX.

[19] SAT (2013). PENULTIMO PARRAFO ARTICULO 83.. Consultado en 19 AGOSTO 2013 en http://www.sat.gob.mx/sitio_internet/informacion_fiscal/legislacion/52_22066.html.

[20] SAT (2013). ANTEPENULTIMO PARRAFO ARTICULO 84 LISR.. Consultado en 19 AGOSTO 2013 en http://www.sat.gob.mx/sitio_internet/informacion_fiscal/legislacion/52_22066.html.

1.1.2.3.5 Gastos mediante una Integradora

Las empresas integradoras podrán realizar operaciones a nombre y por cuenta de sus integradas, sin que se considere que las primeras perciben el ingreso o realizan la erogación de que se trate, siempre que cumplan con los siguientes requisitos:

I. Celebren un convenio con sus empresas integradas a través del cual estas últimas acepten que sea la empresa integradora la que facture las operaciones que realicen a través de la misma, comprometiéndose a no expedir algún otro comprobante por dichas operaciones.

II. Expidan a cada empresa integrada una relación de las operaciones que por su cuenta facture, debiendo conservar copia de la misma y de los comprobantes con requisitos fiscales que expidan, los que deben coincidir con dicha relación.

III. Proporcionen, a más tardar el día 15 de febrero de cada año, a las autoridades fiscales que corresponda a su domicilio fiscal, la información de las operaciones realizadas en el ejercicio inmediato anterior por cuenta de sus integradas.

Las compras de materias primas, los gastos e inversiones, que efectúen las empresas integradas a través de la empresa integradora podrán ser deducibles para las mismas, en el por ciento que les corresponda, aun cuando los comprobantes correspondientes no se encuentren a nombre de las primeras, siempre que la empresa integradora le entregue a cada integrada una relación de las erogaciones que por su cuenta realice, debiendo conservar los comprobantes que reúnan requisitos fiscales y copias de dicha relación. [21]

1.1.2.3.6 Beneficio de manejar CUFIN

Las personas morales que distribuyan dividendos o utilidades deberán calcular y enterar el impuesto que corresponda a los mismos, aplicando la tasa del 28% establecida en el artículo 10 de esta ley. Para estos efectos, los dividendos o utilidades distribuidos se adicionarán con el ISR que se deba pagar en los términos de este artículo. Para determinar el impuesto que se debe adicionar a los dividendos o utilidades, éstos se deberán multiplicar

---

[21] SAT (2012). ARTICULO 85 LISR.. Consultado en 19 AGOSTO 2013 en http://www.sat.gob.mx/sitio_internet/informacion_fiscal/legislacion/52_22066.html.

por el factor de 1.3889 y al resultado se le aplicará la tasa establecida en el citado artículo 10 de esta ley. El impuesto correspondiente a las utilidades distribuidas a que se refiere el artículo 89 de esta ley, se calculará en los términos de dicho precepto.

No se estará obligado al pago del impuesto a que se refiere este artículo cuando los dividendos o utilidades provengan de la cuenta de utilidad fiscal neta que establece esta ley.

1.1.2.3.7 Deducción inmediata de inversiones nuevas

Los contribuyentes del Título II y del Capítulo II del Título IV de esta ley, podrán optar por efectuar la deducción inmediata de la inversión de bienes nuevos de activo fijo, en lugar de las previstas en los artículos 37 y 43 de la ley, deduciendo en el ejercicio en el que se efectúe la inversión de los bienes nuevos de activo fijo, en el que se inicie su utilización o en el ejercicio siguiente, la cantidad que resulte de aplicar, al monto original de la inversión, únicamente los por cientos que se establecen en este artículo. La parte de dicho monto que exceda de la cantidad que resulte de aplicar al mismo el por ciento que se autoriza en este artículo, será deducible únicamente en los términos del artículo 221 de esta ley.

II. Para la maquinaria y equipo distintos de los señalados en la fracción anterior, se aplicarán, de acuerdo a la actividad en que sean utilizados, los por cientos siguientes:

a) 57% en la generación, conducción, transformación y distribución de electricidad; en la molienda de granos; en la producción de azúcar y sus derivados; en la fabricación de aceites comestibles; y en el transporte marítimo, fluvial y lacustre.

b) 62% en la producción de metal obtenido en primer proceso; en la fabricación de Productos de tabaco y derivados del carbón natural.

c) 66% en la fabricación de pulpa, papel y productos similares; en la extracción y Procesamiento de petróleo crudo y gas natural.

d) 69% en la fabricación de vehículos de motor y sus partes; en la construcción de Ferrocarriles y navíos; en la fabricación de productos de metal, de maquinaria y de Instrumentos profesionales y científicos; en la elaboración de productos alimenticios y de bebidas, excepto granos, azúcar, aceites comestibles y derivados.

e) 71% en el curtido de piel y la fabricación de artículos de piel; en la elaboración de productos químicos, petroquímicos y farmacobiológicos; en la fabricación de productos de caucho y de plástico; en la impresión y publicación gráfica.

f) 74% en el transporte eléctrico.

g) 75% en la fabricación, acabado, teñido y estampado de productos textiles, así como de prendas para el vestido.

h) 77% en la industria minera; en la construcción de aeronaves. Lo dispuesto en este inciso no será aplicable a la maquinaria y equipo señalado en el inciso b) de esta fracción.

i) 81% en la transmisión de los servicios de comunicación proporcionados por las estaciones de radio y televisión.

j) 84% en restaurantes.

k) 87% en la industria de la construcción; en actividades de agricultura, ganadería, Silvicultura y pesca.

l) 89% para los destinados directamente a la investigación de nuevos productos o Desarrollo de tecnología en el país.

m) 92% en la manufactura, ensamble y transformación de componentes magnéticos para discos duros y tarjetas electrónicas para la industria de la computación.

n) 74% en otras actividades no especificadas en esta fracción.

o) 87% en la actividad del autotransporte Público Federal de carga o de pasajeros.

1.1.2.3.8 Disminución de la PTU en la utilidad fiscal

Se obtendrá la utilidad fiscal disminuyendo de la totalidad de los ingresos acumulables obtenidos en el ejercicio, las deducciones autorizadas por este Título. Al resultado obtenido se le disminuirá, en su caso, la participación de los trabajadores en las utilidades de las empresas pagada en el ejercicio, en los términos del artículo 123 de la Constitución Política de los Estados Unidos Mexicanos.[22]

1.1.2.3.9 Disminución de las pérdidas fiscales

La pérdida fiscal se obtendrá de la diferencia entre los ingresos acumulables del ejercicio y las deducciones autorizadas por esta ley, cuando el monto de estas últimas sea mayor que los ingresos. El resultado obtenido se

---

[22] SAT (2013). ARTICULO 10 FRACCION I LISR.. Consultado en 19 AGOSTO 2013 en http://www.sat.gob.mx/sitio_internet/informacion_fiscal/legislacion/52_22066.html.

incrementará, en su caso, con la participación de los trabajadores en las utilidades de las empresas pagada en el ejercicio en los términos del artículo 123 de la Constitución Política de los Estados Unidos Mexicanos.

La pérdida fiscal ocurrida en un ejercicio podrá disminuirse de la utilidad fiscal de los diez ejercicios siguientes hasta agotarla. Cuando el contribuyente no disminuya en un ejercicio la pérdida fiscal de ejercicios anteriores, pudiendo haberlo hecho conforme a este artículo, perderá el derecho a hacerlo en los ejercicios posteriores y hasta por la cantidad en la que pudo haberlo efectuado.

Para los efectos de este artículo, el monto de la pérdida fiscal ocurrida en un ejercicio, se actualizará multiplicándolo por el factor de actualización correspondiente al periodo comprendido desde el primer mes de la segunda mitad del ejercicio en el que ocurrió y hasta el último mes del mismo ejercicio. La parte de la pérdida fiscal de ejercicios anteriores ya actualizada pendiente de aplicar contra utilidades fiscales se actualizará multiplicándola por el factor de actualización correspondiente al periodo comprendido desde el mes en el que se actualizó por última vez y hasta el último mes de la primera mitad del ejercicio en el que se aplicará.

Para los efectos del párrafo anterior, cuando sea impar el número de meses del ejercicio en que ocurrió la pérdida, se considerará como primer mes de la segunda mitad, el mes inmediato posterior al que corresponda la mitad del ejercicio.

El derecho a disminuir las pérdidas fiscales es personal del contribuyente que las sufra y no podrá ser transmitido a otra persona ni como consecuencia de fusión.[23]

1.1.2.3.10 Beneficios por contratar a personas con discapacidad

El patrón que contrate a personas que padezcan discapacidad motriz y que para superarla requieran usar permanentemente prótesis, muletas o sillas de ruedas; mental; auditiva o de lenguaje, en un ochenta por ciento o más de la capacidad normal o tratándose de invidentes, podrá deducir de sus ingresos, un monto equivalente al 100% del ISR de estos trabajadores retenido y enterado

---

[23] SAT (2013). ARTICULO 10 FRACCION I LISR.. Consultado en 19 AGOSTO 2013 en http://www.sat.gob.mx/sitio_internet/informacion_fiscal/legislacion/52_22066.html.

conforme al Capítulo I del Título IV de esta ley, siempre y cuando el patrón esté cumpliendo respecto de dichos trabajadores con la obligación contenida en el artículo 12 de la Ley del Seguro Social y además obtenga del Instituto Mexicano del Seguro Social el certificado de discapacidad del trabajador.

1.1.2.3.11 Fomento del primer empleo

Según lo menciona el artículo 229 Ley ISR establece que las disposiciones de este capítulo tienen por objeto incentivar la creación de nuevos empleos de carácter permanente en territorio nacional, así como fomentar el primer empleo.

Así mismo el artículo 230 establece en los requisitos que los patrones que contraten a trabajadores de primer empleo para ocupar puestos de nueva creación y tendrán derecho a una deducción adicional en el ISR.

La determinación de la deducción adicional se llevará a cabo conforme a lo siguiente:

I. Al salario base a que se refiere el artículo 231 de esta ley multiplicado por el número de días laborados en el mes o en el año por cada trabajador de primer empleo, según corresponda, se le disminuirá el monto que resulte de multiplicar dicha cantidad por la tasa del 28% establecida en el artículo 10 de esta ley vigente en el ejercicio en que se aplique la deducción.

II. El resultado obtenido conforme a la fracción anterior, se dividirá entre la tasa del ISR vigente en el ejercicio de que se trate.

El 40% del monto obtenido conforme a la fracción anterior será el monto máximo de la deducción adicional aplicable en el cálculo del pago provisional o del ejercicio, según corresponda.

La deducción adicional determinada conforme a esta fracción, será aplicable en el ejercicio y en los pagos provisionales sin que en ningún caso exceda el monto de la utilidad fiscal o de la base que en su caso corresponda determinada antes de aplicar dicha deducción adicional.

IV. El patrón que no considere en el cálculo de los pagos provisionales o del ejercicio fiscal que corresponda la deducción adicional, pudiendo haberlo hecho conforme al mismo, perderá el derecho a hacerlo en los pagos provisionales o en los ejercicios posteriores hasta por la cantidad en la que pudo haberla aplicado.

La deducción adicional a que se refiere este artículo no deberá considerarse para efectos de calcular la renta gravable que servirá de base para la determinación de la participación de los trabajadores en las utilidades de las empresas a que se refiere el artículo 123, Apartado A, fracción IX, inciso e) de la Constitución Política de los Estados Unidos Mexicanos.

El monto de la deducción adicional sólo será aplicable tratándose de trabajadores que perciban hasta 8 veces el salario mínimo general vigente del área geográfica en donde preste servicio el trabajador de que se trate.

Tratándose de patrones personas físicas, la deducción adicional a que se refiere esta ley sólo será aplicable contra los ingresos obtenidos por la realización de actividades empresariales y servicios profesionales, y por arrendamiento y en general por otorgar el uso o goce temporal de bienes inmuebles a que se refieren los capítulos II y III del Título IV de esta ley.

1.1.2.3.12 Comprobación de peajes mediante estado de cuenta

En el artículo 28 del Reglamento de ISR, establece la facilidad administrativa omitida por la ley que a la letra dice:

> Para los efectos del artículo 29, fracción III de la ley, para que los contribuyentes puedan deducir las cuotas de peaje pagadas en carreteras que cuenten con sistemas de identificación automática vehicular o sistemas electrónicos de pago, deberán amparar el gasto con el estado de cuenta de la tarjeta de identificación automática vehicular o de los sistemas electrónicos de pago.

1.1.2.3.13 Gastos mediante terceros

Cuando el contribuyente efectúe erogaciones a través de un tercero, excepto tratándose de contribuciones, viáticos o gastos de viaje, deberá expedir cheques nominativos a favor de éste o mediante traspasos de cuentas en instituciones de crédito o casas de bolsa, y cuando dicho tercero realice pagos por cuenta del contribuyente, éstos deberán estar amparados con documentación que reúna los requisitos del artículo 31, fracción III de la ley.[24]

---

[24] SAT (2012). ARTICULO 35 RISR.. Consultado en 19 AGOSTO 2013 en http://www.sat.gob.mx/sitio_internet/informacion_fiscal/legislacion/52_22066.html.

1.1.2.3.14 Solicitud de pago en efectivo

Para los efectos del artículo 31, fracción III de la ley, las autoridades fiscales resolverán las solicitudes de autorización para liberar de la obligación de pagar las erogaciones con cheques nominativos, tarjetas de crédito, de débito, de servicios, o a través de los monederos electrónicos que al efecto autorice el SAT, de conformidad con lo siguiente:

I. Se apreciarán las circunstancias de cada caso considerando, entre otros, los siguientes parámetros:

a) El que los pagos efectuados a proveedores se realicen en poblaciones o en zonas rurales, sin servicios bancarios.

b) El grado de aislamiento del proveedor respecto de los lugares en los que hubiera servicios bancarios, así como la regularidad con que visita o puede visitar los citados lugares y los medios o infraestructura de transportes disponibles para realizar dichas visitas.

1.1.2.3.15 Utilización de cuentas de orden como asiento contable

Para los efectos de la fracción IV del artículo 31 de la ley, se entenderá que se cumple con el requisito de que las deducciones estén debidamente registradas en contabilidad inclusive cuando se lleven en cuentas de orden.

1.1.2.3.16 Deducción de comprobantes de un ejercicio anterior

Para los efectos del artículo 31, fracción IX, segundo párrafo de la ley, se podrá efectuar la deducción de las erogaciones efectuadas con cheque, aun cuando hayan transcurrido más de cuatro meses entre la fecha consignada en la documentación comprobatoria que se haya expedido y la fecha en la que efectivamente se cobre dicho cheque, siempre que ambas fechas correspondan al mismo ejercicio. Cuando el cheque se cobre en el ejercicio inmediato siguiente a aquel al que corresponda la documentación comprobatoria que se haya expedido, los contribuyentes podrán efectuar la deducción en el ejercicio en el que éste se cobre, siempre que entre la fecha consignada en la documentación comprobatoria y la fecha en que efectivamente se cobre el cheque no hayan transcurrido más de cuatro meses.[25]

[25] SAT (2013). ARTICULO 39 RISR.. Consultado en 19 AGOSTO 2013 en http://www.sat.gob.mx/sitio_internet/informacion_fiscal/legislacion/52_22066.html.

1.1.2.3.17 Deducción de contribuciones locales en meses posteriores

Para los efectos del artículo 31, fracción XIX, primer párrafo de la ley, tratándose de gastos deducibles de servicios públicos o contribuciones locales y municipales, cuya documentación comprobatoria se expida con posterioridad a la fecha en la que se prestaron los servicios o se causaron las contribuciones, los mismos podrán deducirse en el ejercicio en el que efectivamente se obtuvieron o se causaron, aun cuando la fecha del comprobante respectivo sea posterior y siempre que se cuente con la documentación comprobatoria a más tardar el día en el que el contribuyente deba presentar su declaración del ejercicio en el que se efectúe la deducción.

1.1.2.3.18 Deducción de inversión si se reanuda actividades

Para los efectos de lo dispuesto en los artículos 39, 40 y 41 de la ley, cuando el contribuyente deje de realizar la totalidad de sus operaciones y presente ante el Registro Federal de Contribuyentes el aviso de suspensión de actividades, podrá suspender para efectos fiscales la deducción del monto de las inversiones correspondiente al o a los ejercicios en los que se dejen de realizar operaciones.

La deducción del monto de las inversiones, se continuará a partir del ejercicio en el que se presente el aviso de reanudación de actividades.

1.1.2.3.19 Deducción de gastos mediante una constancia

Para los efectos del artículo 81, sexto párrafo de la ley, los integrantes de las personas morales que se agrupen para realizar gastos comunes, así como en el caso de la copropiedad en la que se agrupen las personas físicas para realizar gastos necesarios para el desarrollo de actividades agrícolas, silvícolas, ganaderas o pesqueras, comprobarán dichos gastos de acuerdo a lo siguiente:

El contribuyente que solicite los comprobantes a su nombre, deberá entregar a los demás contribuyentes una constancia en la que especifique el monto total del gasto común y de los impuestos que, en su caso, le hayan trasladado, y la parte proporcional que le corresponda al integrante de que se trate. Dicha constancia deberá contener lo siguiente:

I.   Nombre, Registro Federal de Contribuyentes o, en su caso, Clave Única de Registro de Población, de la persona que prestó el servicio, arrendó o enajenó el bien.

II. Nombre, Registro Federal de Contribuyentes o, en su caso, Clave Única de Registro de Población, de la persona que recibió el servicio, el uso o goce o adquirió el bien.

III. Nombre, Registro Federal de Contribuyentes o, en su caso, Clave Única de Registro de Población, de la persona a la cual se expide la constancia de gastos comunes.

IV. La descripción del bien, arrendamiento o servicio de que se trate.

V. Lugar y fecha de la operación.

VI. La leyenda "Constancia de gastos comunes".

1.1.2.3.20 Coordinados

Al igual que la integradora, este un mecanismo que beneficia en este caso a las personas morales y físicas para tributar mediante esta figura netamente fiscal para obtener los beneficios fiscales, económicos y administrativos.

El fundamento legal de los mismo se localiza en el artículo 80 fracción III Ley del ISR el cual menciona "Coordinado, la persona moral que administra y opera activos fijos o activos fijos y terrenos, relacionados directamente con la actividad del autotransporte terrestre de carga o de pasajeros y cuyos integrantes realicen actividades de autotransporte terrestre de carga o pasajeros o complementarias a dichas actividades y tengan activos fijos o activos fijos y terrenos, relacionados directamente con dichas actividades."[26]

En nuestra opinión para funcionar como coordinado solo debe hacer tal cual se maneja en el fundamento fiscal dentro del objeto de la sociedad el texto antes mencionado.

Además de poder utilizar las facilidades administrativas ya mencionadas, el beneficio fiscal consiste en que el impuesto a pagar se menor si se cuenta con integrantes ya que ellos son los que absorbe el pago del mismo.

Las personas morales a que se refiere este Capítulo no tendrán la obligación de determinar al cierre del ejercicio el ajuste anual por inflación a que se refiere el Capítulo III del Título II de esta ley.

---

[26] Pérez Chávez, Camperos Pol (2013). Auto-transportistas obligaciones fiscales, pagina 112 (Primera edición). México DF: Taxx.

No tendrán efectos fiscales las operaciones entre integrantes de un mismo coordinado relativas a las actividades a que se refiere este Capítulo que realicen los propios integrantes ni las transferencias de bienes que se realicen entre integrantes de un mismo coordinado, siempre que la factura del bien de que se trate esté a nombre del propio coordinado.

Cuando los integrantes de las personas morales a que se refiere este capítulo, se agrupen con el objeto de realizar en forma conjunta gastos necesarios para el desarrollo de las actividades a que se refiere el mismo, podrán hacer deducible la parte proporcional del gasto en forma individual, aunque los comprobantes correspondientes estén a nombre de alguno de los otros integrantes, siempre que dichos comprobantes reúnan los demás requisitos que señalen las disposiciones fiscales.[27]

1.1.2.4 Beneficios

1.1.2.4.1 Facilidades administrativas

En cuanto al fundamento de las facilidades administrativas que de acuerdo al artículo 85 Ley de ISR menciona lo siguiente:

"Las personas morales a que se refiere este capítulo deberán estar inscritas en el Registro Federal de Contribuyentes. El Servicio de Administración Tributaria, mediante reglas de carácter general, deberá otorgar facilidades administrativas para el cumplimiento de las obligaciones fiscales para cada uno de los sectores de contribuyentes a que se refiere este capítulo."

Además lo que menciona el articulo 7 Código Fiscal de la Federación, que menciona lo siguiente "las leyes fiscales sus reglamentos y disposiciones administrativas de carácter general entraran en vigor en toda la republica al día siguiente al de sus publicación en el diario oficial de la federación salvo que en ellas se establezca una fecha posterior.

Dichas facilidades administrativas tienen el objeto de deducir gastos mediante comprobantes que no reúnen los requisitos fiscales, así como exenciones de ingresos conforme a socios en algunas sociedades.

---

[27] SAT (2012). ARTICULO 79 LISR.. Consultado en 19 AGOSTO 2013 en http://www.sat.gob.mx/sitio_internet/informacion_fiscal/legislacion/52_22066.html.

En nuestro criterio estas facilidades hoy en día no cumplen con el objeto para el cual fueron creadas ya que año con año van disminuyendo los porcentajes así como hasta el día de hoy las facilidades administrativas no son deducibles para el impuesto empresarial tasa única, provocando así un fuerte impacto a la economía de los contribuyentes que tributan en este régimen.

Se expondrá cada uno de las facilidades que a nuestro criterio son las más importante así como su debido comentario de cada una de ellas

Empezaremos por analizar las facilidades para el sector primario, hay que recordar que este sector productivo es el que más participación tiene en el Producto Interno Bruto en nuestro país, es importante que este sector cuente con beneficios fiscales no solo que tengan un impacto en el impuesto si no a su vez que le permitan la inversión para reducir la base del mismo, así como la carga administrativa que tengas los demás contribuyentes.

1.1.2.4.2 Definición de actividades ganaderas, agrícola, pesquera y silvícola

Los contribuyentes dedicados a actividades ganaderas, que cumplan con sus obligaciones fiscales en los términos del Título II, Capítulo VII o del Título IV, Capítulo II, Secciones I o II de la Ley del ISR, considerarán como actividades ganaderas las consistentes en la cría y engorda de ganado, aves de corral y animales, así como la primera enajenación de sus productos que no hayan sido objeto de transformación industrial.

Se considerará que también realizan actividades ganaderas, los adquirentes de la primera enajenación de ganado a que se refiere el párrafo anterior, cuando se realicen exclusivamente actividades de engorda de ganado, siempre y cuando el proceso de engorda de ganado se realice en un periodo mayor a tres meses contados a partir de la adquisición.

En ningún caso se aplicará lo dispuesto en esta regla a las personas que no sean propietarias del ganado, aves de corral y animales a que se refiere la misma.

1.1.2.4.3 Definición de actividades agrícolas

Comprende las actividades de siembra, cultivo, cosecha y la primera enajenación de los productos obtenidos que no hayan sido objeto de transformación industrial

1.1.2.4.4 Definición de actividades pesquera

Incluyen la cría, el cultivo, fomento y cuidado de la producción de toda clase de especies marinas y de agua dulce, incluida la acuacultura así como la captura y extracción de las mismas y la primera enajenación de esos productos que no hayan sido objeto de transformación industrial.

1.1.2.4.5 Definición de actividades silvicultura

Son las de cultivos de los bosques o montes, así como a cría, conservación, restauración, fomento y aprovechamiento de la vegetación de los mismos, y la primera enajenación de los productos que no hayan sido objeto de transformación industrial.[28]

1.1.2.4.6 Facilidades de comprobación en el sector primario

Para los efectos de la Ley del ISR, los contribuyentes dedicados a las actividades agrícolas, silvícolas, ganaderas o de pesca, que cumplan con sus obligaciones fiscales en los términos del Título II, Capítulo VII o del Título IV, Capítulo II, Secciones I o II de la Ley del ISR, podrán deducir con documentación comprobatoria que al menos reúna los requisitos establecidos en la fracción III de la presente regla, la suma de las erogaciones que realicen por concepto de mano de obra de trabajadores eventuales del campo, alimentación de ganado y gastos menores, hasta por el 16 por ciento del total de sus ingresos propios, siempre que para ello cumplan con lo siguiente:

I. Que el gasto haya sido efectivamente erogado en el ejercicio fiscal de que se trate y esté vinculado con la actividad.
II. Que se haya registrado en su contabilidad por concepto y en forma acumulativa durante el ejercicio fiscal.
III. Que los gastos se comprueben con documentación que contenga al menos la siguiente información:

---

[28] SAT (2013). REGLA 1.1 RESOLUCION DE FACILIDADES ADMINISTRATIVAS PARA LOS SECTORES DE CONTRIBUYENTES EN QUE LA MISMA SE SEÑALAN PARA EL 2013.. Consultado en 19 AGOSTO 2013 en http://www.sat.gob.mx/sitio_internet/informacion_fiscal/legislacion/52_22066.html.

a) Nombre, denominación o razón social y domicilio, del enajenante de los bienes o del prestador de los servicios.
b) Lugar y fecha de expedición.
c) Cantidad y clase de mercancías o descripción del servicio.
d) Valor unitario consignado en número e importe total consignado en número o letra.

En el caso de que la suma de las erogaciones exceda del 16 por ciento citado, dichas erogaciones se reducirán, manteniendo la misma estructura porcentual de cada una de ellas.en el caso que los gastos rebasen del 16% de los ingresos la diferencia se debe manejar como no deducibles[29]

1.1.2.4.7 Pagos provisionales semestrales del sector primario

Los contribuyentes dedicados a las actividades agrícolas, silvícolas, ganaderas o de pesca, que cumplan con sus obligaciones fiscales en los términos del Título IV, Capítulo II, Secciones I o II de la Ley del ISR, podrán realizar pagos provisionales semestrales del ISR.

Asimismo, las personas físicas y morales dedicadas a las actividades a que se refiere esta regla, que cumplan con sus obligaciones fiscales en los términos del Título II, Capítulo VII, o del Título IV, Capítulo II, Secciones I o II de la Ley del ISR, que opten por realizar pagos provisionales del ISR en forma semestral, conforme a lo dispuesto en el artículo 81, fracción I, segundo párrafo de la citada ley o en esta regla, según se trate, podrán enterar las retenciones que efectúen a terceros por el ejercicio fiscal de 2012, en los mismos plazos en los que realicen sus pagos provisionales del ISR.

Lo dispuesto en el párrafo anterior será aplicable, siempre que las personas físicas y morales dedicadas a las actividades a que se refiere esta regla que opten por realizar pagos provisionales del ISR en forma semestral, presenten en el mismo plazo la declaración correspondiente al IVA.

---

[29] SAT (2012). REGLA 1.2 RESOLUCION DE FACILIDADES ADMINISTRATIVAS PARA LOS SECTORES DE CONTRIBUYENTES EN QUE LA MISMA SE SEÑALAN PARA EL 2013.. Consultado en 19 AGOSTO 2013 en http://www.sat.gob.mx/sitio_internet/informacion_fiscal/legislacion/52_22066.html

Las personas físicas y morales que por el ejercicio fiscal de 2013 opten por realizar pagos provisionales y efectuar el entero del ISR retenido a terceros en forma semestral, deberán presentar su aviso de opción ante las autoridades fiscales a más tardar dentro de los 30 días siguientes a la entrada en vigor de la presente resolución, en términos de lo establecido en el artículo 26, fracción V del Reglamento del Código y en la ficha 79/CFF del Anexo 1-A de la RMF. Los contribuyentes que por ejercicios anteriores ya hubieran presentado su aviso de opción para presentar sus pagos provisionales de ISR e IVA en forma semestral, ya no deberán presentar el aviso correspondiente hasta en tanto no cambien la opción elegida.

Una vez ejercida la opción a que se refiere esta regla, la misma no podrá variarse durante el ejercicio.[30]

1.1.2.4.8 Entero del ISR a trabajadores eventuales del campo

Los contribuyentes a que se refiere la regla 1.2. de esta resolución, para los efectos del cumplimiento de las obligaciones establecidas en las disposiciones fiscales en materia de retenciones del ISR por los pagos efectuados a sus trabajadores eventuales del campo, en lugar de aplicar las disposiciones correspondientes al pago de salarios, podrán enterar el 4 por ciento por concepto de retenciones del ISR, correspondiente a los pagos realizados por concepto de mano de obra, en cuyo caso, sólo deberán elaborar una relación individualizada de dichos trabajadores que indique el monto de las cantidades que les son pagadas en el periodo de que se trate, así como del impuesto retenido.[31]

Por lo que se refiere a los pagos realizados a los trabajadores distintos de los señalados en esta regla, se estará a lo dispuesto en la Ley del ISR.

---

[30] SAT (2012). REGLA 1.3 RESOLUCION DE FACILIDADES ADMINISTRATIVAS PARA LOS SECTORES DE CONTRIBUYENTES EN QUE LA MISMA SE SEÑALAN PARA EL 2013.. Consultado en 19 AGOSTO 2013 en http://www.sat.gob.mx/sitio_internet/informacion_fiscal/legislacion/52_22066.html.

[31] SAT (2012). REGLA 1.4 RESOLUCION DE FACILIDADES ADMINISTRATIVAS PARA LOS SECTORES DE CONTRIBUYENTES EN QUE LA MISMA SE SEÑALAN PARA EL 2013.. Consultado en 19 AGOSTO 2013 en http://www.sat.gob.mx/sitio_internet/informacion_fiscal/legislacion/52_22066.html.

Los contribuyentes que opten por aplicar la facilidad a que se refiere esta regla, por el ejercicio fiscal de 2013 estarán relevados de cumplir con la obligación de presentar declaración informativa por los pagos realizados a los trabajadores por los que ejerzan dicha opción, de conformidad con el artículo 118, fracción V de la Ley del ISR, siempre que, a más tardar el 15 de febrero de 2014, presenten en lugar de dicha declaración, la relación individualizada a que se refiere el primer párrafo de esta regla.

1.1.2.4.9 Deducción de inversiones en terrenos en el sector primario

Para los efectos de lo dispuesto en el artículo segundo, fracción LXXXVI de las disposiciones transitorias de la Ley del ISR para 2002, se deberá asentar en la escritura correspondiente que se realice ante notario público, la leyenda de que "el terreno de que se trate ha sido y será usado para actividades agrícolas o ganaderas, que se adquiere para su utilización en dichas actividades y que se deducirá en los términos del artículo segundo, fracción LXXXVI de las disposiciones transitorias de la Ley del ISR para 2002".

1.1.2.4.10 No obligación de las personas físicas exentas del ISR en el sector primario

Los contribuyentes personas físicas dedicadas a actividades agrícolas, silvícolas, ganaderas o pesqueras, que cumplan con sus obligaciones fiscales en los términos del Título IV, Capítulo II, Secciones I o II de la Ley del ISR, cuyos ingresos en el ejercicio fiscal no excedan de un monto equivalente a 40 veces el salario mínimo general de su área geográfica elevado al año y que no tengan la obligación de presentar declaraciones periódicas, se podrán inscribir en el RFC en los términos de lo dispuesto en la regla I.2.4.4. de la resolución miscelánea fiscal, y tendrán la obligación de expedir el comprobante fiscal digital correspondiente a través de un proveedor en los términos de la regla I.2.8.3.2.1. de la resolución miscelánea fiscal, siempre que se trate de la primera enajenación que realicen dichos contribuyentes respecto de los siguientes bienes:

I.   Leche en estado natural.
II. Frutas, verduras y legumbres.
III. Granos y semillas.
IV. Pescados o mariscos.
V.   Desperdicios animales o vegetales.
VI. Otros productos del campo no elaborados ni procesados.

Los contribuyentes a que se refiere el primer párrafo de esta regla no estarán obligados a presentar declaraciones de pago provisional y anual del ISR por los ingresos propios de su actividad, incluyendo las declaraciones de información por las cuales no se realiza el pago.

Tratándose de ejidos y comunidades; uniones de ejidos y de comunidades; empresas sociales, constituidas por avecindados e hijos de ejidatarios con derechos a salvo; asociaciones rurales de interés colectivo; unidades agrícolas industriales de la mujer campesina y colonias agrícolas y ganaderas, cuyos ingresos en el ejercicio fiscal no excedan de un monto equivalente a 20 veces el salario mínimo general del área geográfica del contribuyente elevado al año por cada uno de sus integrantes, sin exceder en su conjunto de 200 veces el salario mínimo general correspondiente al área geográfica del Distrito Federal elevado al año, y que no tengan la obligación de presentar declaraciones periódicas, podrán aplicar lo dispuesto en el párrafo anterior. Tratándose de ejidos y comunidades, así como de uniones de ejidos y de comunidades, no será aplicable el límite de 200 veces el salario mínimo.[32]

1.1.2.4.11 Exención para personas físicas y opción de facilidades para personas morales en el sector primario

Para los efectos del artículo 109, fracción XXVII de la Ley del ISR, las personas físicas dedicadas exclusivamente a actividades agrícolas, silvícolas, ganaderas o pesqueras, cuyos ingresos en el ejercicio fiscal inmediato anterior no hubieran excedido de un monto equivalente a 40 veces el salario mínimo general de su área geográfica elevado al año, se encuentran exentas del ISR. En el caso de que en el transcurso del ejercicio de que se trate sus ingresos excedan del monto señalado, a partir del mes en que sus ingresos rebasen el monto señalado, por el excedente deberán cumplir con sus obligaciones fiscales. Las personas físicas a que se refiere este párrafo podrán aplicar las facilidades a que se refieren las reglas anteriores.

---

[32] SAT (2012). REGLA 1.7 RESOLUCION DE FACILIDADES ADMINISTRATIVAS PARA LOS SECTORES DE CONTRIBUYENTES EN QUE LA MISMA SE SEÑALAN PARA EL 2013.. Consultado en 19 AGOSTO 2013 en http://www.sat.gob.mx/sitio_internet/informacion_fiscal/legislacion/52_22066.html.

Las personas morales dedicadas exclusivamente a actividades agrícolas, ganaderas, pesqueras o silvícolas, que no realicen las actividades empresariales por cuenta de sus integrantes, podrán aplicar las facilidades a que se refieren las reglas anteriores, siempre que tributen en el régimen simplificado a que se refiere el Título II, Capítulo VII de la Ley del ISR.

1.1.2.4.12 Adquisición de combustibles en el sector primario

Los contribuyentes a que se refiere la regla 1.2. de esta resolución, considerarán cumplida la obligación a que se refiere el segundo párrafo del artículo 31, fracción III de la Ley del ISR, cuando los pagos por consumos de combustible se realicen con medios distintos a cheque nominativo del contribuyente, tarjeta de crédito, de débito o de servicios o monederos electrónicos, siempre que éstos no excedan del 27 por ciento del total de los pagos efectuados por consumo de combustible para realizar su actividad.

1.1.2.4.13 Facilidad para sociedades cooperativas de producción pesqueras o silvícolas

Para los efectos de los artículos 81, último párrafo de la Ley del ISR y 4, fracción IV de la Ley del Impuesto Empresarial a Tasa Única, las sociedades cooperativas de producción que realicen exclusivamente actividades pesqueras o silvícolas que cumplan con sus obligaciones fiscales en los términos del Título II del Capítulo VII de la Ley del ISR y que cuenten con concesión o permiso del Gobierno Federal para explotar los recursos marinos o silvícolas, podrán optar por dejar de observar el límite de 200 veces el salario mínimo a que se refiere la primera parte del último párrafo del artículo 81 de la última ley citada, siempre que, al tomar esta opción se proceda de la siguiente manera:

I.   El número total de socios o asociados de la sociedad cooperativa de producción sea superior a diez.
II. Los socios o asociados dejen de aplicar, en lo individual, la exención a que se refiere el artículo 109, fracción XXVII de dicha ley hasta por 20 veces el salario mínimo general correspondiente al área geográfica del contribuyente, elevado al año, y
III. Que de los rendimientos a distribuir en el ejercicio fiscal, la parte exenta que se distribuya a cada uno de los socios o asociados no exceda de 20 veces el salario mínimo general correspondiente al área geográfica del contribuyente, elevado al año. Los rendimientos que se

repartan en exceso de esa cantidad deberán de tributar conforme a lo dispuesto en el artículo 81, fracción III de la Ley del ISR

Para tales efectos, la sociedad cooperativa de producción deberá presentar a más tardar dentro de los 30 días siguientes a la entrada en vigor de la presente resolución, ante la Administración Local Servicio al Contribuyente que corresponda a su domicilio fiscal, escrito libre en el que manifieste que ejercerá la opción contenida en esta regla y contenga la siguiente información:

a) Denominación o razón social y clave del RFC de la sociedad.
b) Nombre y clave del RFC de cada uno de sus socios.
c) CURP en caso de que el socio cuente con ella.

No se tendrá la obligación de presentar dicho escrito, cuando en ejercicios anteriores ya se hubiera presentado el mismo. No obstante, en caso de que durante el ejercicio fiscal de que se trate, la sociedad registre cambios en la información antes citada, deberá comunicarlo a la propia ALSC dentro de los 15 días siguientes a su realización, de no ser así, se entenderá que la sociedad deja de aplicar lo dispuesto en esta regla y deberá estar, una vez transcurrido el plazo señalado, a lo dispuesto por el último párrafo del artículo 81 de la Ley del ISR.

1.1.2.4.14 Tratamiento del IVA a cuenta de los integrantes en el sector primario

Para los efectos del artículo 81 de la Ley del ISR, las personas morales dedicadas a actividades agrícolas, ganaderas, silvícolas o de pesca, que cumplan con sus obligaciones en los términos del Título II, Capítulo VII de la citada ley, podrán cumplir con las obligaciones fiscales en materia del IVA por cuenta de cada uno de sus integrantes, aplicando al efecto lo dispuesto en la Ley del Impuesto Valor Agregado.

Asimismo, deberán emitir la liquidación a sus integrantes en términos de lo dispuesto en el artículo 84 del Reglamento de la Ley del ISR. En dicha liquidación además, deberán asentar la información correspondiente al valor de actividades, el IVA que se traslada, el que les hayan trasladado, así como, en su caso, el pagado en la importación.

Tratándose de personas morales que cumplan con las obligaciones fiscales por cuenta de sus integrantes, presentarán las declaraciones correspondientes al IVA en forma global por sus operaciones y las de sus integrantes, por las actividades empresariales que se realicen a través de la persona moral.

1.1.2.4.15 Pagos provisionales semestrales para el IETU en régimen simplificado

Los contribuyentes a que se refiere la regla 1.2. de esta resolución, que opten por realizar pagos provisionales del ISR en forma semestral, deberán presentar en el mismo plazo la declaración correspondiente al IETU. Para estos efectos, las personas físicas y morales que por el ejercicio fiscal de 2013 opten por realizar pagos provisionales en forma semestral, deberán presentar su aviso de opción ante las autoridades fiscales a más tardar dentro de los 30 días siguientes a la entrada en vigor de la presente resolución, en términos de lo establecido en el artículo 26, fracción V del Reglamento del Código y en la ficha 79/CFF del Anexo 1-A de la resolución miscelánea fiscal. Los contribuyentes que por ejercicios fiscales anteriores ya hubieran presentado su aviso de opción para presentar sus pagos provisionales de ISR en forma semestral, ya no deberán presentar el aviso correspondiente hasta en tanto no cambien la opción elegida.

Para los efectos del párrafo anterior, los citados contribuyentes determinarán los pagos provisionales restando de la totalidad de los ingresos percibidos a que se refiere la Ley del Impuesto Empresarial a Tasa Única en el periodo comprendido desde el inicio del ejercicio fiscal y hasta el último día del semestre al que corresponda el pago, las deducciones autorizadas correspondientes al mismo periodo.

Lo dispuesto en la presente regla será aplicable para todos los pagos del ejercicio.

Es lo que respecta a facilidades administrativas para el régimen simplificado en las actividades primarias, agregando nuestro comentario, es un régimen fiscal se podría decir que todavía representa un paraíso fiscal ya que las deducciones mediante facilidades son bastante generosas y que fomentan el desarrollo de los productores más desarrollados a que sean más competitivos dentro del mercado que pertenezcan.

Ahora el régimen y las facilidades no solo se enfocan para el sector primario también lo hace para el sector de transporte ya sea en su modalidad local, foráneo, urbano suburbano así como turístico, enumeremos las facilidades que a nuestro criterio son las más destacadas.

1.1.2.4.16 Entero del ISR por concepto de retención a operadores, macheteros y maniobristas de autotransporte terrestre de carga federal

Los contribuyentes dedicados a la actividad de autotransporte terrestre de carga federal, que cumplan con sus obligaciones fiscales en los términos del Título II, Capítulo VII o del Título IV, Capítulo II, Secciones I o II de la Ley del ISR, para los efectos del cumplimiento de las obligaciones fiscales en materia de retenciones del ISR por los pagos efectuados a sus trabajadores, en lugar de aplicar las disposiciones correspondientes al pago de salarios, podrán enterar el 7.5 por ciento por concepto de retenciones del ISR, correspondiente a los pagos realizados a operadores, macheteros y maniobristas, de acuerdo al convenio que tengan celebrado con el Instituto Mexicano del Seguro Social, para el cálculo de las aportaciones de dichos trabajadores, en cuyo caso, sólo deberán elaborar una relación individualizada de dicho personal que indique el monto de las cantidades que les son pagadas en el periodo de que se trate, en los términos en que se elabora para los efectos de las aportaciones que realicen al Instituto Mexicano del Seguro Social.

Por lo que se refiere a los pagos realizados a los trabajadores distintos de los señalados en esta regla, se estará a lo dispuesto en la Ley del ISR.

Los contribuyentes que opten por aplicar la facilidad a que se refiere esta regla, por el ejercicio fiscal de 2013 estarán relevados de cumplir con la obligación de presentar declaración informativa por los pagos realizados a los trabajadores por los que ejerzan dicha opción, de conformidad con el artículo 118, fracción V de la Ley del ISR, siempre que, a más tardar el 15 de febrero de 2014, presenten en lugar de dicha declaración, la relación individualizada a que se refiere el primer párrafo de esta regla.

1.1.2.4.17 Facilidades de comprobación en autotransporte terrestre de carga federal

Para los efectos de la Ley del ISR, los contribuyentes a que se refiere la regla 2.1. de esta resolución, podrán deducir con documentación que no reúna los requisitos fiscales, los gastos por concepto de maniobras, viáticos de la tripulación, refacciones y reparaciones menores, hasta por las cantidades aplicables dependiendo del número de toneladas, días y kilómetros recorridos, respectivamente, como a continuación se señala:

I.   Maniobras.

A.	Por tonelada en carga o por metro cúbico	$ 45.53
B.	Por tonelada en paquetería	$ 75.92
C.	Por tonelada en objetos voluminosos y/o de gran peso	$ 182.24
II.	Viáticos de la tripulación por día	$ 113.90
III.	Refacciones y reparaciones menores	$ 0.61 por Kilómetro.

El registro de estos conceptos deberá efectuarse por viaje de cada uno de los camiones que utilicen para proporcionar el servicio de autotransporte terrestre de carga federal y efectuar el registro de los ingresos, deducciones e impuestos correspondientes en la contabilidad del contribuyente.

Lo anterior será aplicable siempre que estos gastos se comprueben con documentación que contenga al menos la siguiente información:

a) Nombre, denominación o razón social y domicilio, del enajenante de los bienes o del prestador de los servicios.
b) Lugar y fecha de expedición.
c) Cantidad y clase de mercancías o descripción del servicio.
d) Valor unitario consignado en número e importe total consignado en número o letra.

Asimismo, deberán cumplir con lo siguiente:

1. Que el gasto haya sido efectivamente erogado en el ejercicio fiscal de que se trate, esté vinculado con la actividad de autotransporte terrestre de carga federal y con la liquidación, que en su caso se entregue a los permisionarios integrantes de la persona moral.
2. Que se haya registrado en su contabilidad, por concepto y en forma acumulativa durante el ejercicio fiscal.

Los contribuyentes que efectúen las erogaciones por concepto de maniobras, viáticos de la tripulación, refacciones y reparaciones menores, a personas obligadas a expedir comprobantes que reúnan los requisitos fiscales para su deducción, no considerarán el importe de dichas erogaciones dentro del monto de facilidad de comprobación a que se refieren los párrafos anteriores de esta regla, sin perjuicio de que por dichas erogaciones se realice la deducción correspondiente.

Adicionalmente, para los efectos de la Ley del ISR este sector de contribuyentes podrá deducir hasta el equivalente a un 9 por ciento de los ingresos propios de su actividad, sin documentación que reúna requisitos fiscales, siempre que:

I. El gasto haya sido efectivamente realizado en el ejercicio fiscal de que se trate.

II. La erogación por la cual aplicó dicha facilidad se encuentre registrada en su contabilidad.

III. Efectúe el pago por concepto del ISR anual sobre el monto que haya sido deducido por este concepto a la tasa del 16 por ciento. El impuesto anual pagado se considerará como definitivo y no será acreditable ni deducible. En el caso de los coordinados o personas morales que tributen por cuenta de sus integrantes, efectuarán por cuenta de los mismos el entero de dicho impuesto.

IV. Los contribuyentes que opten por esta deducción deberán efectuar pagos provisionales a cuenta del impuesto anual a que se refiere el subinciso anterior, los que se determinarán considerando la deducción realizada en el periodo de pago acumulado del ejercicio fiscal de que se trate aplicando la tasa del 16 por ciento, pudiendo acreditar los pagos provisionales del mismo ejercicio fiscal realizados con anterioridad por el mismo concepto. Estos pagos provisionales se enterarán a más tardar el día 17 del mes siguiente a aquél por el que se efectúe la deducción.

Los contribuyentes que adquieran diesel para su consumo final, para uso automotriz en vehículos que se destinen exclusivamente al transporte público de carga federal a través de carreteras o caminos, así como los que se dediquen exclusivamente al transporte terrestre de carga federal que utilizan la Red Nacional de Autopistas de Cuota, podrán acreditar los estímulos a que se refiere el artículo 16, Apartado A, fracciones IV y V de la Ley Ingresos de la Federación, contra los pagos provisionales o el impuesto anual, cubiertos por concepto de la deducción del 9 por ciento a que se refieren los párrafos que anteceden.[33]

---

[33] SAT (2013). REGLA 2.2 RESOLUCION DE FACILIDADES ADMINISTRATIVAS PARA LOS SECTORES DE CONTRIBUYENTES EN QUE LA MISMA SE SEÑALAN PARA EL 2013.. Consultado en 19 AGOSTO 2013 en http://www.sat.gob.mx/sitio_internet/informacion_fiscal/legislacion/52_22066.html.

1.1.2.4.18 Deducción de ISR para adquisición de combustibles en autotransporte terrestre de carga federal

Los contribuyentes a que se refiere la regla 2.1. de esta resolución, considerarán cumplida la obligación a que se refiere el segundo párrafo del artículo 31, fracción III de la Ley del ISR, cuando los pagos por consumos de combustible se realicen con medios distintos a cheque nominativo del contribuyente, tarjeta de crédito, de débito o de servicios o monederos electrónicos, siempre que éstos no excedan del 20 por ciento del total de los pagos efectuados por consumo de combustible para realizar su actividad.

1.1.2.4.19 Facilidades de comprobación de gastos para el sector de transporte terrestre foráneo y turismo

Para los efectos de la Ley del ISR, los contribuyentes a que se refiere la regla 3.2. de esta resolución, podrán deducir con documentación que al menos reúna los requisitos establecidos en la fracción III de la presente regla, las erogaciones por concepto de gastos de viaje, gastos de imagen y limpieza, compras de refacciones de medio uso y reparaciones menores, hasta un 6 por ciento del total de sus ingresos propios, siempre que cumplan con lo siguiente:

I. Que el gasto haya sido efectivamente erogado en el ejercicio fiscal de que se trate y esté vinculado con la actividad de autotransporte terrestre foráneo de pasaje y turismo y con la liquidación, que en su caso se entregue a los integrantes de la persona moral.

II. Que se haya registrado en su contabilidad por concepto y en forma acumulativa durante el ejercicio fiscal.

III. Que los gastos se comprueben con documentación que contenga al menos la siguiente información:

a) Nombre, denominación o razón social y domicilio, del enajenante de los bienes o del prestador de los servicios.

b) Lugar y fecha de expedición.

c) Cantidad y clase de mercancías o descripción del servicio.

d) Valor unitario consignado en número e importe total consignado en número o letra.

Los contribuyentes que efectúen las erogaciones por concepto de gastos de viaje, gastos de imagen y limpieza, compras de refacciones de medio uso y reparaciones menores, a personas obligadas a expedir comprobantes fiscales para su deducción, no considerarán el importe de dichas erogaciones dentro del porcentaje de facilidad de comprobación a que se refiere esta regla, sin perjuicio de que por dichas erogaciones se realice la deducción correspondiente.

Adicionalmente, para los efectos de la Ley del ISR este sector de contribuyentes podrá deducir hasta el equivalente a un 9 por ciento de los ingresos propios de su actividad, sin documentación que reúna requisitos fiscales, siempre que:

1. El gasto haya sido efectivamente realizado en el ejercicio fiscal de que se trate.
2. La erogación por la cual aplicó dicha facilidad se encuentre registrada en su contabilidad.
3. Efectúe el pago por concepto del ISR anual sobre el monto que haya sido deducido por este concepto a la tasa del 16 por ciento. El impuesto anual pagado se considerará como definitivo y no será acreditable ni deducible. En el caso de los coordinados o personas morales que tributen por cuenta de sus integrantes, efectuarán por cuenta de los mismos el entero de dicho impuesto.
4. Los contribuyentes que opten por esta deducción deberán efectuar pagos provisionales a cuenta del impuesto anual a que se refiere el numeral anterior, los que se determinarán considerando la deducción realizada en el periodo de pago acumulado del ejercicio fiscal de que se trate aplicando la tasa del 16 por ciento, pudiendo acreditar los pagos provisionales del mismo ejercicio fiscal realizados con anterioridad por el mismo concepto. Estos pagos provisionales se enterarán a más tardar el día 17 del mes siguiente a aquél por el que se efectúe la deducción.

Los contribuyentes que adquieran diesel para su consumo final, para uso automotriz en vehículos que se destinen exclusivamente al transporte público de personas a través de carreteras o caminos, así como los que se dediquen exclusivamente al transporte terrestre de pasaje que utilizan la Red Nacional de Autopistas de Cuota, podrán acreditar los estímulos a que se refiere el artículo 16, Apartado A, fracciones IV y V de la LIF, contra los pagos provisionales o el impuesto anual, cubiertos por concepto de la deducción del 9 por ciento a que se refieren los párrafos que anteceden.

1.1.2.4.20 Facilidades de comprobación de gastos en adquisición de combustibles para sector de autotransporte terrestre foráneo de pasaje y turismo

Los contribuyentes a que se refiere la regla 3.2. de esta resolución, considerarán cumplida la obligación a que se refiere el segundo párrafo del artículo 31, fracción III de la Ley del ISR, cuando los pagos por consumos de combustible se realicen con medios distintos a cheque nominativo del contribuyente, tarjeta de crédito, de débito o de servicios o monederos electrónicos, siempre que éstos no excedan del 20 por ciento del total de los pagos efectuados por consumo de combustible para realizar su actividad.[34]

1.1.2.4.21 Deducción adicional sobre ingresos sin comprobante alguno

Los contribuyentes a que se refiere la regla 3.2. de esta resolución, que hayan optado por la facilidad a que se refiere la regla 3.3., de deducir hasta el equivalente a un 9 por ciento de los ingresos propios de su actividad, sin documentación que reúna requisitos fiscales, podrán considerar para efectos de los artículos 8 y 10 de la Ley del IETU como acreditable el ISR que efectivamente paguen por dicho concepto.

1.1.2.4.22 Facilidades de comprobación de los gastos para el sector de autotransporte terrestre de carga de materiales y autotransporte terrestre de pasajeros urbano y suburbano

Para los efectos del Título II, Capítulo VII o del Título IV, Capítulo II, Secciones I o II de la Ley del ISR, los contribuyentes dedicados al autotransporte terrestre de carga de materiales o autotransporte terrestre de pasajeros urbano y suburbano, podrán deducir con documentación que al menos reúna los requisitos de la fracción III de la presente regla hasta el equivalente de 12 por ciento del total de sus ingresos propios, los gastos por concepto de pagos a trabajadores eventuales, sueldos o salarios que se le asignen al operador del vehículo, personal de tripulación y macheteros, gastos por maniobras, refacciones de medio uso y reparaciones menores, siempre que cumplan con los siguientes requisitos:

---

[34] PEREZ CHAVEZ CAMPEROS POL (2013). AUTOTRANSPORTISTAS OBLOGACIONES FISCALES PAGINA 206 (PRIMERA edición). MEXICO DF: TAXX.

I. Que el gasto haya sido efectivamente erogado en el ejercicio fiscal de que se trate, esté vinculado con la actividad de autotransporte y con la liquidación, que en su caso se entregue a los permisionarios integrantes de la persona moral.

II. Que se haya registrado en su contabilidad por concepto y en forma acumulativa durante el ejercicio fiscal.

III. Que los gastos se comprueben con documentación que contenga al menos la siguiente información:

    a) Nombre, denominación o razón social y domicilio, del enajenante de los bienes o del prestador de los servicios.

    b) Lugar y fecha de expedición.

    c) Cantidad y clase de mercancías o descripción del servicio.

    d) Valor unitario consignado en número e importe total consignado en número o letra.

Los contribuyentes que efectúen las erogaciones por concepto de pagos a trabajadores eventuales; sueldos o salarios que se le asignen al operador del vehículo, personal de tripulación y macheteros; gastos por maniobras, refacciones de medio uso y reparaciones menores, a personas obligadas a expedir comprobantes que reúnan los requisitos fiscales para su deducción, no considerarán el importe de dichas erogaciones dentro del porcentaje de facilidad de comprobación a que se refiere esta regla, sin perjuicio de que por dichas erogaciones se realice la deducción correspondiente.

1.1.2.4.23 Deducción de combustible pagado en efectivo para el sector de autotransporte terrestre de carga de materiales y autotransporte terrestre de pasajeros urbano y suburbano

Los contribuyentes a que se refiere la regla 4.2., de esta resolución, considerarán cumplida la obligación a que se refiere el segundo párrafo del artículo 31, fracción III de la Ley del ISR, cuando los pagos por consumos de combustible se realicen con medios distintos a cheque nominativo del contribuyente, tarjeta de crédito, de débito o de servicios o monederos electrónicos, siempre que éstos no excedan del 20 por ciento del total de los pagos efectuados por consumo de combustible para realizar su actividad.

1.1.2.4.24 Integradoras

Como se menciono al principio del trabajo el régimen simplificado no solo se compone por dividendos como lo menciona la fracción II del articulo 80 LISR "que menciona lo siguiente las empresas integradoras, toda persona moral constituida conforme al Decreto que promueve la organización de Empresas Integradoras, publicado en el Diario Oficial de la Federación el 7 de mayo de 1993, así como en el Decreto que modifica al diverso que promueve su organización, publicado en el citado órgano oficial el 30 de mayo de 1995"

Para que tributen dentro del régimen simplificado, se mencionara en primera vista, ¿Que beneficio fiscal se tiene al tributar como integradora en el régimen simplificado?, pues en nuestro criterio es que la base del impuesto se obtiene mediante un flujo de efectivo, así como a su vez el impuesto se difiere entre los integrantes que componen al mismo.

Como lo menciona el artículo 84. las empresas integradoras podrán realizar operaciones a nombre y por cuenta de sus integradas, sin que se considere que las primeras perciben el ingreso o realizan la erogación de que se trate, siempre que cumplan con los siguientes requisitos:

I.   Celebren un convenio con sus empresas integradas a través del cual estas últimas acepten que sea la empresa integradora la que facture las operaciones que realicen a través de la misma, comprometiéndose a no expedir algún otro comprobante por dichas operaciones.

II. Expidan a cada empresa integrada una relación de las operaciones que por su cuenta facture, debiendo conservar copia de la misma y de los comprobantes con requisitos fiscales que expidan, los que deben coincidir con dicha relación.

III. Proporcionen, a más tardar el día 15 de febrero de cada año, a las autoridades fiscales que corresponda a su domicilio fiscal, la información de las operaciones realizadas en el ejercicio inmediato anterior por cuenta de sus integradas.

Las compras de materias primas, los gastos e inversiones, que efectúen las empresas integradas a través de la empresa integradora podrán ser deducibles para las mismas, en el por ciento que les corresponda, aun cuando los comprobantes correspondientes no se encuentren a nombre de las primeras, siempre que la empresa integradora le entregue a cada integrada una relación de las erogaciones que por su cuenta realice, debiendo conservar los comprobantes que reúnan requisitos fiscales y copias de dicha relación.

Para los efectos de la obligación a que se refiere el párrafo anterior y la fracción II de este artículo, la relación que elabore la empresa integradora en la que se considere en su conjunto tanto las operaciones realizadas por cuenta de las empresas integradas, así como el ingreso que por concepto de cuotas, comisiones y prestación de servicios que por dichas operaciones perciba la integradora, deberá cumplir con los requisitos que para efectos de los comprobantes se establecen en el Código Fiscal de la Federación y estar impresa en los establecimientos autorizados por la Secretaría. La relación a que se refiere este párrafo deberá proporcionarse a las empresas integradas dentro de los 10 días siguientes al mes al que correspondan dichas operaciones.

En el caso de que en la relación que al efecto elabore la empresa integradora no se consideren los ingresos a cargo de ésta por concepto de cuotas, comisiones y prestación de servicios, la misma podrá no estar impresa en los citados establecimientos.

Los decretos emitidos para la constitución de una integradora que son el fundamento legal de las mismas, dan la pauta para mencionar los beneficios fiscales, económicos y administrativos para las integradoras.

Articulo 5o.- Las empresas integradoras podrán acogerse, al Régimen Simplificado de las Personas Morales que establece la Ley del ISR, por un período de 10 años, y a la Resolución que Otorga Facilidades Administrativas a los Contribuyentes que en la misma se señala, a partir del inicio de sus operaciones.

Articulo 6o.- La banca de desarrollo diseñará programas especiales de apoyo para las empresas integradoras.

Nacional Financiera, S.N.C. apoyará a los socios otorgándoles créditos a través de intermediarios financieros para que puedan realizar sus aportaciones al capital social de la empresa integradora; asimismo, otorgará a los intermediarios financieros garantías complementarias a las ofrecidas por las propias empresas integradoras y/o sus socios;

Articulo 7o.- Con el objeto de facilitar la creación de las empresas integradoras, se adoptarán medidas que eliminen obstáculos administrativos, para lo cual:

I.- Las dependencias y entidades de la Administración Pública Federal, deberán adoptar mecanismos de apoyo en la esfera de sus competencias, y

II.- El Ejecutivo Federal, por conducto de la Secretaría de Comercio y Fomento Industrial, promoverá convenios y acuerdos con los gobiernos de las entidades federativas en los que se establezcan apoyos y facilidades administrativas que agilicen su establecimiento y desarrollo.

Articulo 8o.- Las empresas integradoras podrán realizar los trámites y gestiones de sus socios a través de la Ventanilla Única de Gestión y de los Centros NAFIN para el Desarrollo de la Micro, Pequeña y Mediana Empresa.[35]

Tesis1a. CLVI/2004	Semanario Judicial de la Federación y su Gaceta	Novena Época	179 589 1 de 2
Primera Sala	XXI, Enero de 2005	Pág. 417	Tesis Aislada(Administrativa)

[TA]; 9a. Época; 1a. Sala; S.J.F. y su Gaceta; XXI, Enero de 2005; Pág. 417

EMPRESAS INTEGRADORAS. LA OPCIÓN PARA TRIBUTAR EN EL RÉGIMEN SIMPLIFICADO DE LAS PERSONAS MORALES CONSTITUYE UN BENEFICIO FISCAL OPTATIVO.

Las personas morales que decidieron iniciar sus actividades con el carácter de empresas integradoras, en los términos de los decretos publicados en el Diario Oficial de la Federación de 7 de mayo de 1993 y 30 de mayo de 1995, ejercieron esa opción con el propósito de obtener diversos beneficios, a saber: a) de índole administrativo, como el relativo a su organización para competir en los diferentes mercados y no entre sí, así como el de realizar los trámites y gestiones de sus socios a través de la ventanilla única de gestión y de los Centros Nafin para el Desarrollo de la Micro, Pequeña y Mediana Empresa; b) de carácter económico, como la obtención de créditos, garantías o capital de riesgo para sus asociados de la banca de desarrollo, y de créditos otorgados a través de los intermediarios financieros para que pudieran realizar sus aportaciones al capital social de la empresa integradora, y c) de índole fiscal, como la posibilidad de ejercer la opción de tributar bajo el régimen simplificado de las personas morales, previsto en el título II-A de la Ley

---

[35] DECRETO QUE PROMUEVE LA ORGANIZACIÓN DE EMRESAS INTEGRADORAS, PUBLICADO EN EL DIARIO OFICIAL DE LA FEDERACION EL 7 DE MAYO 1993

del ISR. En ese tenor, si bien las indicadas empresas integradoras fueron creadas con propósitos preponderantemente administrativos, económicos y fiscales, esto no implica que por virtud de los decretos mencionados se creara un régimen especial de tributación específico para ellas, sino que sólo se les otorgó el beneficio consistente en la posibilidad de tributar en el referido régimen simplificado, siempre que decidieran ejercer la opción que la propia norma concedía.

Amparo en revisión 154/2004. Integración Media, S.A. de C.V. 3 de septiembre de 2004. Unanimidad de cuatro votos. Ponente: Juan N. Silva Meza. Secretario: Pedro Arroyo Soto.[36]

1.2 Personas físicas

1.2.1 Empresarial General

1.2.1.1 Introducción

El régimen fiscal es el conjunto de normas que rigen la situación tributaria de una persona física o moral así también podemos mencionar que actúa como guía a la hora de la liquidación y el pago de los impuestos.

En el momento de desarrollar una actividad económica, las personas deben registrarse en alguna categoría para cumplir con las obligaciones del fisco. Por lo general, suelen presentarse diversas opciones, es decir, diversos regímenes fiscales a los que puede someterse según las características de su negocio.

Ahora bien si hablamos de un régimen fiscal tal como lo es el de las personas físicas con actividad empresarial régimen general; en este pueden tributar todas aquellas personas físicas que realicen actividades tales como:

---

[36] Suprema Corte de Justicia de la Nación. (Enero de 2005). EMPRESAS INTEGRADORAS. LA OPCIÓN PARA TRIBUTAR EN EL RÉGIMEN SIMPLIFICADO DE LAS PERSONAS MORALES CONSTITUYE UN BENEFICIO FISCAL OPTATIVO.. Consultado en 31 Marzo 2013 en http://ius.scjn.gob.mx/paginas/ Resultados.aspx?Epoca=3c78fffff3f7f&Apendice=10000000000& Expresion=integradoras&Dominio=Rubro&TATJ=2&Orden=1&Clase=TesisB L&bc=Jurisprudencia.Resultados&TesisPrincipal=TesisPrincipal.

- Comerciales
- Industriales
- Agricultura
- Ganadería
- Pesca
- Silvícolas

1.2.1.2 Derechos

1.2.1.2.1 Inventarios

1. Concepto de Inventarios

El inventario es el conjunto de mercancías o artículos que tiene la empresa para comerciar con aquellos, permitiendo la compra y venta o la fabricación primero antes de venderlos, en un periodo económico determinados.

Los Inventarios son bienes tangibles que se tienen para la venta en el curso ordinario del negocio o para ser consumidos en la producción de bienes o servicios para su posterior comercialización. Los inventarios comprenden, además de las materias primas, productos en proceso y productos terminados o mercancías para la venta, los materiales, repuestos y accesorios para ser consumidos en la producción de bienes fabricados para la venta o en la prestación de servicios; empaques y envases y los inventarios en tránsito.[37]

2. No control

La LISR[38] en su artículo 133 Frac. V menciona la obligación de levantar un estado de posición financiera y levantar un inventario físico de mercancías al cierre del ejercicio pero no tendrá obligación de llevar un control del mismo por no existir disposición legal expresa.

---

[37] Ramírez, José (2007). Inventarios. Consultado en 07 07 2013 en http://www.elprisma.com/apuntes/administracion_de_empresas/inventariosfundamentos/default.asp.

[38] SAT (2012). LISR Consultado en 07 07 2013 en ftp://ftp2.sat.gob.mx/asistencia_servicio_ftp/publicaciones/legislacion12/LISR_25052013.doc.

1.2.1.2.2 Flujo de efectivo

Flujo de efectivo es la cantidad de dinero que queda disponible en un periodo determinado, después de considerar todas sus entradas de dinero y todas sus salidas de dinero: Flujo de efectivo = entradas de dinero – salidas de dinero[39].

En el caso de las personas físicas, el flujo de efectivo, se afecta en el momento en que los ingresos sean efectivamente cobrados y disminuidos de las deducciones efectivamente pagadas.

Acumulación de los Ingresos

La LISR en su artículo 122, como regla general menciona:

Para los efectos de esta Sección, los ingresos se consideran acumulables en el momento en que sean efectivamente percibidos.

Los ingresos se consideran efectivamente percibidos cuando se reciban en efectivo, en cheques, en bienes o en servicios, aun cuando aquéllos correspondan a anticipos, a depósitos o a cualquier otro concepto, sin importar el nombre con el que se les designe. Igualmente se considera percibido el ingreso cuando el contribuyente reciba títulos de crédito emitidos por una persona distinta de quien efectúa el pago.

Cuando se perciban en cheque se considerará percibido el ingresos en la fecha de cobro del mismo o cuando los contribuyentes transmitan los cheques a un tercero, excepto cuando dicha transmisión sea en procuración. También se entiende que es efectivamente percibido cuando el interés del acreedor queda satisfecho mediante cualquier forma de extinción de las obligaciones.

Como reglas particulares en su defecto menciona:

1.- Condonaciones, quitas o remisiones de deudas:

Tratándose de los ingresos a que se refiere la fracción I del artículo 121 de esta Ley, éstos se considerarán efectivamente percibidos en la fecha en que

---

[39] Nacional, Financiera, SNC (2013). Flujo de Efectivo. Consultado en 07 07 2012 en http://mexico.smetoolkit.org/mexico/es/content/es/3570/Lo-que-importa-es-saber-cu%C3%A1nto-dinero-entra-y-cu%C3%A1nto-dinero-sale-.

se convenga la condonación, la quita o la remisión, o en la que se consume la prescripción.

2.- Bienes que se exporten

En el caso de enajenación de bienes que se exporten se deberá acumular el ingreso cuando efectivamente se perciba. En el caso de que no se perciba el ingreso dentro de los doce meses siguientes a aquel en el que se realice la exportación, se deberá acumular el ingreso una vez transcurrido dicho plazo[40].

1. Deducciones Autorizadas

En términos Fiscales una deducción es un gasto u erogación que debe cumplir con los requisitos que establece la ley y que son estrictamente indispensables; en otras palabras debe ser un desembolso necesario para obtener el ingreso.

La LISR[41] en su art. 123 enumera los conceptos que se consideran deducciones autorizadas tales como:

*   Devoluciones que se reciban, los descuentos o bonificaciones que se hagan…
*   Adquisiciones de mercancías…
*   Gastos…
*   Inversiones…
*   Intereses pagados…
*   Cuotas pagadas por los patrones al IMSS…

Requisitos de las Deducciones

Las erogaciones antes citadas deberán cumplir con los requisitos establecidos en ley de las cuales se fundamentan en lo siguiente:

---

[40]   Cárdenas, Guerrero Francisco (2006). Taller de ISR Personas Físicas con Actividad Empresarial. Consultado en 07 07 2013 en http://clubvirtual.gvaweb. com/admin/curricula/material/act%20emp.pdf.

[41]   SAT (2013). LISR Consultado en 07 07 2013 en ftp://ftp2.sat.gob.mx/ asistencia_servicio_ftp/publicaciones/legislacion12/LISR_25052013.doc.

El art 125 de la LISR[42] dice que son requisitos de las deducciones las siguientes:

I.   Que hayan sido efectivamente erogadas en el ejercicio de que se trate.
Se entiende que el gasto es efectivamente erogado cuando el interés del acreedor queda satisfecho mediante cualquier forma de extinción de las obligaciones (efectivo, cheque, traspaso de cuenta en instituciones de crédito, en servicios o en otros bienes).

I.   Que sean estrictamente indispensables...
II.   En la caso de inversiones, aplicar el porciento máximo al monto original de la inversión
III.   Que se resten una sola vez...
IV.   Que los pagos de primas de seguros o fianzas sean conforme a la ley de la materia...
V.   Cuando el pago se realice a plazos, se procederá por el monto de las parcialidades efectivamente pagadas...
VI.   Que tratándose de las inversiones no se les dé efectos fiscales a su revaluación
VII.   Que al realizar las operaciones correspondientes o a más tardar el último día del ejercicio, se reúnan los requisitos que para cada deducción en particular establece esta Ley...

Tratándose de pagos con cheque, se considerará efectivamente erogado en la fecha en la que el mismo haya sido cobrado o cuando los contribuyentes transmitan los cheques a un tercero, excepto cuando dicha transmisión sea en procuración. Igualmente, se consideran efectivamente erogadas cuando el contribuyente entregue títulos de crédito suscritos por una persona distinta.

Cuando el cheque se cobre en el ejercicio inmediato siguiente aquel al que corresponda la documentación comprobatoria que se haya expedido, los contribuyentes podrán efectuar la deducción en el ejercicio en el que se cobre, siempre que entre la fecha consignada en la documentación comprobatoria y la fecha en la que efectivamente se cobre el cheque no hayan transcurrido mas de cuatro meses (Art. 159 del RISR segundo párrafo).

---

[42]   SAT (2013).. Consultado en 18 08 2013 en ftp://ftp2.sat.gob.mx/asistencia_servicio_ftp/publicaciones/legislacion12/LISR_25052013.doc.

1.2.1.2.3 Deducción inmediata de inversiones

La deducción inmediata es un desembolso fiscal que se acumula a las deducciones por una sola vez, el cual se aplica en bienes nuevos de activo fijo, deduciendo (en el ejercicio siguiente al de su compra o al de su legal importación) la cantidad que resulte de aplicar al costo del bien (monto original de la inversión) actualizado, únicamente los porcentajes que se establecen en el artículo 220 de la LISR, dependiendo del tipo de bien o, en su defecto, de acuerdo a la actividad en que sean utilizados siempre y cuando dicho activo sean un bien nuevo que se utilice por primera vez en México.

Para efectos de la LISR[43] en el art. 38, se consideran inversiones los activos fijos, los gastos y cargos diferidos y las erogaciones realizadas en periodos preoperativos.

En la LISR[44] en su Art. 220 enlista los porcientos máximos aplicables a la deducción inmediata las cuales se señalan a continuación:

a. 74% para inmuebles declarados como monumentos arqueológicos, artísticos, históricos o patrimoniales...
b. 57% en los demás casos.
c. 43% para bombas de suministro de combustible a trenes.
d. 57% para vías férreas.
e. 62% para carros de ferrocarril, locomotoras, armones y autoarmones.
f. 66% para maquinaria niveladora de vías, desclavadoras, esmeriles para vías, gatos de motor para levantar la vía, removedora, insertadora y taladradora de durmientes.
g. 74% para el equipo de comunicación, señalización y telemando.
h. 62% para embarcaciones.
i. 87% para aviones dedicados a la aero-fumigación agrícola.
j. 88% para computadoras personales de escritorio y portátiles; servidores; impresoras, lectores ópticos, graficadores, lectores de código de barras, digitalizadores, unidades de almacenamiento externo y concentradores de redes de cómputo.

---

[43] SAT (2012). LISR Consultado en 07 07 2013 en ftp://ftp2.sat.gob.mx/asistencia_servicio_ftp/publicaciones/legislacion12/LISR_25052013.doc.
[44] SAT (2012). LISR Consultado en 07 07 2013 en ftp://ftp2.sat.gob.mx/asistencia_servicio_ftp/publicaciones/legislacion12/LISR_25052013.doc.

k. 89% para dados, troqueles, moldes, matrices y herramental.

l. 57% para torres de transmisión y cables, excepto los de fibra óptica.

m. 69% para sistemas de radio, incluye equipo de transmisión y manejo que utiliza el espectro radioeléctrico...

n. 74% para equipo utilizado en la transmisión...

o. 87% para equipo de la central telefónica destinado a la conmutación de llamadas de tecnología distinta a la electromecánica.

p. 74% para los demás.

q. 69% para el segmento satelital en el espacio, incluyendo el cuerpo principal del satélite, los transpondedores, las antenas para la transmisión y recepción de comunicaciones digitales y análogas, y el equipo de monitoreo en el satélite.

r. 74% para el equipo satelital en tierra, incluyendo las antenas para la transmisión y recepción de comunicaciones digitales y análogas y el equipo para el monitoreo del satélite.

s. 57% en la generación, conducción, transformación y distribución de electricidad; en la molienda de granos; en la producción de azúcar y sus derivados; en la fabricación de aceites comestibles; y en el transporte marítimo, fluvial y lacustre.

t. 62% en la producción de metal obtenido en primer proceso; en la fabricación de productos de tabaco y derivados del carbón natural.

u. 66% en la fabricación de pulpa, papel y productos similares; en la extracción y procesamiento de petróleo crudo y gas natural.

v. 69% en la fabricación de vehículos de motor y sus partes...

w. 71% en el curtido de piel y la fabricación de artículos de piel; en la elaboración de productos químicos, petroquímicos y farmacobiológicos; en la fabricación de productos de caucho y de plástico; en la impresión y publicación gráfica.

x. 74% en el transporte eléctrico.

y. 75% en la fabricación, acabado, teñido y estampado de productos textiles, así como de prendas para el vestido.

z. 77% en la industria minera; en la construcción de aeronaves. Lo dispuesto en este inciso no será aplicable a la maquinaria y equipo señalado en el inciso b) de esta fracción.

aa. 81% en la transmisión de los servicios de comunicación proporcionados por las estaciones de radio y televisión.

ab. 84% en restaurantes.

ac. 87% en la industria de la construcción; en actividades de agricultura, ganadería, silvicultura y pesca.

ad. 89% para los destinados directamente a la investigación de nuevos productos o desarrollo de tecnología en el país.

ae. 92% en la manufactura, ensamble y transformación de componentes magnéticos para discos duros y tarjetas electrónicas para la industria de la computación.

af. 74% en otras actividades no especificadas en esta fracción.

ag. 87% en la actividad del autotransporte Público Federal de carga o de pasajeros.

1.2.1.2.4 Tributar como asimilable a salario

Son ingresos por la prestación de servicio personal subordinado, los salarios y demás prestaciones que provengan de una relación laboral de igual manera se incluye la PTU, y las prestaciones que por consecuencia exista una terminación laboral; así también se asimilan éstos cuando se realice una actividad empresarial con fundamento en lo siguiente:

En la LISR[45], Frac. VI del Art. 110 se señala que los ingresos que perciban las personas físicas de personas morales o de personas físicas con actividades empresariales, por las actividades empresariales que realicen, cuando comuniquen por escrito a la persona que efectúe el pago que optan por pagar el impuesto como asimilado a salarios.

1.2.1.2.5 Facilidades administrativas

Las personas físicas que se dediquen al sector primario podrán aplicar las facilidades administrativas que se emitan en los términos del segundo párrafo del Art. 85 de la LISR[46], que menciona:El Servicio de Administración Tributaria, mediante reglas de carácter general, deberá otorgar facilidades administrativas para el cumplimiento de las obligaciones fiscales para cada uno de los sectores de contribuyentes a que se refiere este Capítulo.

De lo anterior para poder aplicar dicho precepto es necesario que los contribuyentes del sector primario cuyos ingresos en el ejercicio inmediato anterior no excedan de 10,000,000.00 con fundamento en el segundo párrafo de la fracción XII del Art. 133 de la LISR.

---

[45] SAT (2013). LISR Consultado en 07 07 2013 en ftp://ftp2.sat.gob.mx/asistencia_servicio_ftp/publicaciones/legislacion12/LISR_25052013.doc

[46] SAT (2013).. Consultado en 08 18 2013 en ftp://ftp2.sat.gob.mx/asistencia_servicio_ftp/publicaciones/legislacion12/LISR_25052013.doc.

Las personas físicas que se dediquen a las Actividades Agrícolas, Ganaderas, Silvícolas y Pesqueras, tendrán un límite de ingresos Exentos del pago de ISR; siempre que en el año de calendario los mismos no excedan de 40 veces el salario mínimo general correspondiente al área geográfica del contribuyente elevado al año... Art. 109 Frac. XXVI

1.2.1.2.6 Comercio exterior

La importación y la exportación juegan un papel muy importante en el país y sobre todo en nuestras empresas, de tal manera que cualquier persona física que tenga la intención de importar o exportar deberán cumplir con los requisitos establecidos con las leyes, normas y reglamentos que están estudiados en el capítulo siete (7).

1.2.1.3 Beneficios

1.2.1.3.1 Decretos

Ya se mencionó en el rubro de deducción de inversiones la forma en que se podrán deducir ciertos activos fijos en forma inmediata aplicando un porcentaje máximo de deducibilidad a dicho activo.

Ahora bien, en este apartado, mediante decreto publicado en el Diario Oficial de la Federación, se tiene el beneficio de deducir la inversión en activos fijos de forma inmediata pero con un porcentaje más elevado de tal manera que nos permite disminuir la base gravable, obteniendo como beneficio un ahorro significativo en el pago de impuestos; este decreto se detalla a continuación:

Decreto[47] por el que se otorga un Estímulo Fiscal en Materia de Deducción Inmediata de Bienes Nuevos de Activo Fijo publicado en el Diario Oficial de la Federación del viernes 20 de junio de 2003; se mencionan los porcientos aplicables para el cálculo de las inversiones ya descritas que menciona lo siguiente:

Artículo Primero. Los contribuyentes del Título II y del Capítulo II del Título IV de la Ley del Impuesto sobre la Renta, podrán optar por efectuar la deducción a que se refiere el artículo 220 de dicho ordenamiento, deduciendo en el ejercicio en el que se efectúe la inversión de los bienes nuevos de activo

---

[47]   SAT (2013).. Consultado en 08 18 2013 en

ftp://ftp2.sat.gob.mx/asistencia_servicio_ftp/publicaciones/legislacion/d_efisc.doc.

fijo, en el que se inicie su utilización o en el ejercicio siguiente, la cantidad que resulte de aplicar al monto original de la inversión, los por cientos establecidos en este artículo, en lugar de los contenidos en el artículo 220 de la Ley del Impuesto sobre la Renta.

Los porcientos que se podrán aplicar para deducir las inversiones a que se refiere este artículo, son los que a continuación se señalan:

I. Los por cientos por tipo de bien serán:

a) Tratándose de construcciones:
1. 85% para inmuebles declarados como monumentos arqueológicos, artísticos, históricos o patrimoniales....
2. 74% en los demás casos.

b) Tratándose de ferrocarriles:
1. 63% para bombas de suministro de combustible a trenes.
2. 74% para vías férreas.
3. 78% para carros de ferrocarril, locomotoras, armones y autoarmones.
4. 80% para maquinaria niveladora de vías, desclavadoras, esmeriles para vías, gatos de motor para levantar la vía, removedora, insertadora y taladradora de durmientes.
5. 85% para el equipo de comunicación, señalización y telemando.

c) 78% para embarcaciones.

d) 93% para aviones dedicados a la aerofumigación agrícola.

e) 94% para computadoras personales de escritorio y portátiles, servidores, impresoras, lectores ópticos, graficadores, lectores de código de barras, digitalizadores, unidades de almacenamiento externo y concentrador de redes de cómputo.

f) 95% para dados, troqueles, moldes, matrices y herramental.

g) Tratándose de comunicaciones telefónicas:
1. 74% para torres de transmisión y cables, excepto los de fibra óptica.
2. 82% para sistemas de radio, incluye equipo de transmisión y manejo que utiliza el espectro radioeléctrico...
3. 85% para equipo utilizado en la transmisión...
4. 93% para equipo de la central telefónica destinado a la conmutación de llamadas de tecnología distinta a la electromecánica.
5. 85% para los demás.

h) Tratándose de comunicaciones satelitales:
1. 82% para el segmento satelital en el espacio...
2. 85% para el equipo satelital en tierra...

II. Para la maquinaria y equipo distintos de los señalados en la fracción anterior, se aplicarán, de acuerdo a la actividad en la que sean utilizados, los por cientos siguientes:

a) 74% en la generación, conducción, transformación y distribución de electricidad...
b) 78% en la producción de metal obtenido en primer proceso; en la fabricación de productos de tabaco y derivados del carbón natural.
c) 80% en la fabricación de pulpa, papel y productos similares; en la extracción y procesamiento de petróleo crudo y gas natural.
d) 82% en la construcción de ferrocarriles y navíos...
e) 84% en el curtido de piel y la fabricación de artículos de piel...
f) 85% en el transporte eléctrico y en la fabricación de vehículos de motor y sus partes.
g) 86% en la fabricación, acabado, teñido y estampado de productos textiles, así como de prendas para el vestido.
h) 87% en la industria minera; en la construcción de aeronaves.
i) 90% en la transmisión de los servicios de comunicación proporcionados por las estaciones de radio y televisión.
j) 92% en restaurantes.
k) 93% en la industria de la construcción; en actividades de agricultura, ganadería, Silvicultura pesca.
l) 95% para los destinados directamente a la investigación de nuevos productos o desarrollo de tecnología en el país.
m) 96% en la manufactura, ensamble y transformación de componentes magnéticos para discos duros y tarjetas electrónicas para la industria de la computación.
n) 93% en la actividad del autotransporte público federal de carga o de pasajeros.
o) 85% en otras actividades no especificadas en esta fracción.

1.2.1.3.2 Criterios del SAT

Con fecha 09 de Diciembre del 2011, el SAT emite el criterio 54/2011/ISR[48] Deducciones del impuesto sobre la renta. Los vehículos denominados pick up, son camiones de carga.

---

[48] SAT (2013).. Consultado en 08 19 2013 en ftp://ftp2.sat.gob.mx/asistencia_servicio_ftp/publicaciones/legislacion11/CCNII_09122012.pdf.

En este criterio nos explica la diferencia entre automóvil y los denominados pick up, esto con la finalidad de no aplicar a las denominadas pick up el monto máximo deducible que son los 175,000.00 y simplemente determinar el monto deducible anual sobre el porcentaje máximo que es el 25%.

El artículo 42, fracción II, de la Ley del Impuesto sobre la Renta establece que la inversión en automóviles sólo será deducible hasta por un monto de $175,000.00. El artículo 40, fracción VI, de la misma ley dispone que tratándose de automóviles, autobuses, camiones de carga, tracto camiones, montacargas y remolques, el porciento máximo autorizado como deducción es del 25%.

El artículo 124, tercer párrafo, de la ley en cita señala que con excepción de los automóviles, terrenos y construcciones, los contribuyentes que únicamente presten servicios profesionales y que en el ejercicio inmediato anterior sus ingresos no hubieren excedido de $840,000.00, podrán deducir las erogaciones efectivamente realizadas en el ejercicio por la adquisición de activos fijos, gastos o cargos diferidos.

El artículo 3-A del Reglamento de la Ley del Impuesto sobre la Renta, define al automóvil como aquél vehículo terrestre para el transporte de hasta diez pasajeros, incluido el conductor, precisando en su segundo párrafo que no se consideran comprendidas en la definición anterior las motocicletas, ya sea de dos a cuatro ruedas.

Sin embargo, tanto la Ley del Impuesto sobre la Renta como su Reglamento no definen lo que debe entenderse por vehículos o camiones de carga, por lo que acorde con lo previsto en el artículo 5, segundo párrafo, del Código Fiscal de la Federación, se aplica de manera supletoria el Reglamento de Tránsito en Carreteras Federales, mismo que en su artículo 2, fracción III, numeral 6, define a los vehículos pick up como camiones, entendiendo a éstos como aquellos vehículos de motor, de cuatro ruedas o más, destinado al transporte de carga.

En este sentido, los vehículos denominados pick up son camiones de carga destinados al transporte de mercancías, por lo que no deben ser considerados como automóviles para efectos de la Ley del Impuesto sobre la Renta.

Con fecha 09 de Diciembre del 2011, el SAT emite el criterio 8/2011/CFF[49] Actualización. No se considera ingreso acumulable para efectos del cálculo del impuesto sobre la renta.

Conforme al artículo 17-A del Código Fiscal de la Federación la actualización tiene como finalidad el reconocimiento de los efectos que los valores sufren por el transcurso del tiempo y por los cambios de precios en el país.

En consecuencia, el monto de la actualización correspondiente alas devoluciones, aprovechamientos y compensación de saldos a favor a cargo del fisco federal, no debe considerarse como ingreso acumulable para efectos del cálculo del impuesto sobre la renta ya que constituye una partida no deducible.

1.2.2 Régimen intermedio

1.2.2.1 Introducción

El régimen intermedio de las actividades empresariales es muy atractivo ya que tiene muchas ventajas a favor del contribuyente, donde se puede planear para disminuir la carga Tributaria y administrativa dentro del marco legal.

El art. 134 de la Ley del impuesto sobre la renta contempla dentro de este régimen a los contribuyentes personas físicas que realicen exclusivamente actividades empresariales, cuyos ingresos obtenidos en el ejercicio inmediato anterior por dichas actividades no hubiesen excedido de $4'000,000.00 anuales, y además podrán Llevar un solo libro de ingresos, egresos y de registro de inversiones y deducciones, en lugar de llevar la contabilidad general.

1.2.2.2 Derechos

1.2.2.2.1 Contabilidad simplificada

La contabilidad simplificada se llevará en un solo libro: ingresos, egresos y registro de inversiones y deducciones.[50]

---

[49] SAT (2013).. Consultado en 08 19 2013 en ftp://ftp2.sat.gob.mx/asistencia_servicio_ftp/publicaciones/legislacion11/CCNII_09122012.pdf.

[50] 2012, Ley del SAT (2013). LISR. Consultado en www.sat.gob.mx.55654tgf.

No aplicar las obligaciones establecidas en las fracciones V, VI, segundo párrafo y XI del artículo 133 de esta Ley. ART.134 FRACCION III (LISR)

1.2.2.2.2 Declaraciones con partes relacionadas de residentes en el extranjero

Obtener y conservar la documentación comprobatoria, tratándose de contribuyentes que celebren operaciones con partes relacionadas residentes en el extranjero, con la que demuestren que el monto de sus ingresos y deducciones se efectuaron de acuerdo a los precios o montos de contraprestaciones que hubieran utilizado partes independientes en operaciones comparables.

ART.133 FRACCION XI y 86, FRACCION XII (LISR)

1.2.2.2.3 Deducción de activos fijos al 100%

Activos tangibles o intangibles que se presume son de naturaleza permanente porque son necesarios para las actividades normales de una compañía y no serán vendidos o desechados en el corto plazo, ni por razones comerciales.[51]

También los activos fijos se definen como los bienes que una empresa utiliza de manera continua en el curso normal de sus operaciones; representan al conjunto de servicios que se recibirán en el futuro a lo largo de la vida útil de un bien adquirido, Activos permanentes que típicamente son necesarios para llevar a cabo el giro habitual de una determinada empresa. Están constituidos generalmente por maquinaria, equipo, edificios, terrenos, etc. Se han comprado a largo plazo.[52]

Los contribuyentes a que se refiere el artículo 134 de esta Ley, en lugar de aplicar lo dispuesto en el artículo 124 de la misma, deducirán las erogaciones efectivamente realizadas en el ejercicio para la adquisición de activos fijos, gastos o cargos diferidos, excepto tratándose de automóviles, autobuses, camiones de carga, tracto camiones y remolques, los que deberán deducirse

[51] Bolsa de Valores (2013). Glosario Bursátil. Consultado en 09282013 en https://www.bves.com.sv/glosario/g_a.htm.

[52] Diccionario Financiero (2008).. Consultado en 28092013 en http://www.firstbankpr.com/?option=com_content&task=blogcategory&id=334&Ite

en los términos de la Sección II del Capítulo II del Título II de esta Ley. (Aplicación de porcentajes). ART.136 FRACCION VI (LISR)

Deducción de inversiones

Los contribuyentes a que se refiere esta Sección determinarán la deducción por inversiones aplicando lo dispuesto en la Sección II del Capítulo II del Título II de esta Ley (personas físicas régimen intermedio). Para estos efectos, se consideran inversiones las señaladas en el artículo 38 de esta Ley.

Para los efectos de este artículo, los por cientos de deducción se aplicarán sobre el monto original de la inversión, aun cuando ésta no se haya pagado en su totalidad en el ejercicio en que proceda su deducción. Cuando no se pueda separar el monto original de la inversión de los intereses que en su caso se paguen por el financiamiento, el por ciento que corresponda se aplicará sobre el monto total, en cuyo caso, los intereses no podrán deducirse en los términos de la fracción V del artículo 123 de esta Ley. Art.124 SEGUNDO PARRAFO (LISR)

Las persona físicas de este capítulo tendrán derecho a deducir en forma inmediata sus activos fijos, tema que se detalla en capítulo 1 de las personas físicas con actividad empresarial.

1.2.2.2.4 Tributar como asimilables a salarios

La Ley del ISR considera como ingresos que se asimilan a salarios los que perciban las personas, y se señalan a continuación:

I.- Los ingresos que perciban las personas físicas de personas morales o de personas físicas con actividades empresariales, por las actividades empresariales que realicen, cuando comuniquen por escrito a la persona que efectúe el pago que optan por pagar el impuesto en los términos de este Capítulo.

II.- Los ingresos que perciban las personas físicas de personas morales o de personas físicas con actividades empresariales, por las actividades empresariales que realicen, cuando comuniquen por escrito a la persona que efectúe el pago que optan por pagar el impuesto en los términos de este Capítulo.

Los ingresos asimilados a salarios corresponden a una serie de pagos a personas físicas por Diferentes conceptos. ART.110 FRACCION I (LISR).

1.2.2.2.5 No inventarios

Los contribuyentes que lleven a cabo actividades empresariales no deberán formular un estado de posición Financiera ni levantar inventario de existencias.

ART.134 FRACCION III (LISR). No aplicar las obligaciones establecidas en las fracciones V, VI, segundo párrafo y XI del artículo 133 de esta Ley.

1.2.2.2.6 Se otorgan facilidades administrativas en el pago del impuesto sobre la renta

Las señaladas en el capítulo de facilidades administrativas correspondientes a personas físicas en las actividades de agricultura, ganadería, pesca y silvicultura.

1.2.2.2.7 Podrán cambiar del régimen intermedio a pequeño contribuyente

Las personas físicas del régimen intermedio[53] podrán pagar el impuesto conforme a esta Sección, los contribuyentes que hubieran tributado en los términos de las Secciones I o II (empresarial y régimen intermedio, respectivamente) de este Capítulo, salvo que hubieran tributado en las mencionadas Secciones hasta por los dos ejercicios inmediatos anteriores, siempre que éstos hubieran comprendido el ejercicio de inicio de actividades y el siguiente y que sus ingresos en cada uno de dichos ejercicios no hubiesen excedido de la cantidad señalada en el primero y segundo párrafos del artículo 137 de esta Ley.

1.2.2.2.8 No expedición de comprobantes adicionales por cobros en parcialidades

Para las personas físicas de la actividad empresarial del régimen intermedio, podrán no emitir el comprobante simplificado para cada una de las parcialidades subsecuentes, pudiendo anotar el importe de las parcialidades

---

[53]   Cámara de Diputados (2013). LISR. Consultado en 29, 09,2013 en http://www. diputados.gob.mx/inicio.htm. Articulo 139-Fracción II IV párrafo

que se paguen en el reverso del comprobante. ARTÍCULO 134, FRACCION II, LISR. [54]

1.2.2.3 Beneficios

Los beneficios se remiten al apartado de régimen simplificado en las facilidades administrativas.

1.2.3 Pequeños contribuyentes

1.2.3.1 Introducción

Es un régimen opcional. En él pueden pagar sus impuestos las personas físicas que se dediquen al comercio, industria, transporte, actividades agropecuarias, ganaderas, siempre que estimen que sus ingresos o ventas no serán mayores a $2'000,000.00 al año, además de no expedir facturas ni desglosar el Impuesto al Valor Agregado (IVA), de conformidad con el Servicio de Administración Tributaria (SAT).[55]

En el presente estudio, veremos los derechos que como personas físicas con actividades empresariales, otorgan las leyes que los rigen, así como los beneficios que pueden hacer valer de conformidad con los Decretos, Resoluciones Misceláneas, Criterios del SAT, Disposiciones Transitorias y la Ley de Ingresos de la Federación.

Así mismo, daremos a conocer los fundamentos que la LISR, tiene para las personas físicas de este régimen, mediante el cual trata de facilitar el cumplimiento de las obligaciones fiscales a estos contribuyentes que, debido a sus ingresos, tienen una capacidad administrativa limitada, por lo que en los últimos años se han realizado reformas y han expedido diversas disposiciones con el fin de simplificar el pago de estos contribuyentes, mediante la aplicación de tablas en las que se realizan en un solo pago el Impuesto Sobre la Renta (ISR), el impuesto al valor agregado (IVA) y el impuesto empresarial a tasa única (IETU).

---

[54] Cámara de Diputados (2013). LISR. Consultado en 29, 09,2013 en http://www. diputados.gob.mx/inicio.htm. Articulo 134-Fracción II

[55] Servicio de Administración Tributaria (2005). Régimen de pequeños contribuyentes. Consultado en 08 de julio de 2013 en www.sat.gob.mx.

Además, observaremos que las personas físicas del régimen que nos ocupa el estudio, no está obligado a expedir facturas ni a desglosar el IVA.

1.2.3.2 Derechos

1.2.3.2.1 Ingresos por enajenación menores a $ 2'000,000.00

Las personas físicas sujetas a este régimen que realicen actividades empresariales, y únicamente enajenen bienes o presten servicios, al público en general, podrán optar por pagar el impuesto sobre la renta en los términos establecidos en esta Sección, siempre que los ingresos propios de su actividad empresarial y los intereses obtenidos en el año de calendario anterior, no hubieran excedido de la cantidad de $2'000,000.00.

1.2.3.2.2 Inicio de operaciones con estimación de ingresos

Sobre este particular de la LISR,[56] tenemos que los contribuyentes que inicien actividades, podrán optar por pagar el impuesto en el régimen de pequeños contribuyentes, cuando estimen que sus ingresos del ejercicio no excederán del límite a $2'000,000.00.

1.2.3.2.3 Inicio de operaciones con periodo menor de 12 meses

Cuando en el ejercicio citado realicen operaciones por un periodo menor de doce meses, para determinar el monto a que se refiere el párrafo anterior, dividirán los ingresos manifestados entre el número de días que comprende el periodo y el resultado se multiplicará por 365 días; si la cantidad obtenida es menor a $2'000,000.00 tiene derecho a estar en el régimen mencionado.

1.2.3.2.4 Copropietarios del régimen de pequeños contribuyentes

En base al Código Civil Federal CCF *"hay copropiedad cuando una cosa o un derecho pertenecen pro-indiviso a varias personas"*.

---

[56] Ley del impuesto sobre la renta art. 137 segundo párrafo (2012). Régimen de pequeños contribuyentes. Consultado el 25 de mayo de 2012 en www.diputados. gob.mx.

De acuerdo con el artículo 137 de la LISR[57], los copropietarios que realicen las actividades empresariales y que únicamente enajenen bienes o presten servicios al público en general, podrán tributar conforme a esta sección, cuando:

- No lleven a cabo otras actividades empresariales.
- La suma de los ingresos de todos los copropietarios por las actividades empresariales que realizan en copropiedad, sin deducción alguna, no excedan en el ejercicio inmediato anterior de la cantidad establecida en el primer párrafo de este artículo.
- Que el ingreso que en lo individual le corresponda a cada copropietario por dicha copropiedad, sin deducción alguna, adicionado de los intereses obtenidos por el mismo copropietario, en el ejercicio inmediato anterior, no hubieran excedido del límite a que se refiere este artículo.

El derecho fiscal de la copropiedad surge al:

- Tributar conforme al artículo 137 de la LISR que señala que el contribuyente en copropiedad realice, como única operación la enajenación de bienes o prestación de servicios al público en general.
- Enajenar bienes sin exceder el límite en los términos del primer párrafo del artículo 137 de la LISR por $ 2'000,000.00
- Adquirir bienes

Sobre este particular mencionaremos que los copropietarios que realicen las actividades empresariales tienen los siguientes derechos:

1.- Tributar conforme a esta Sección, cuando no lleven a cabo otras actividades empresariales y siempre que la suma de los ingresos de todos los copropietarios por las actividades empresariales que realizan en copropiedad, sin deducción alguna, no excedan en el ejercicio inmediato anterior de la cantidad establecida en el primer párrafo de este artículo y siempre que el ingreso que en lo individual le corresponda a cada copropietario por dicha copropiedad, sin deducción alguna, adicionado de los intereses obtenidos por el mismo copropietario, en el ejercicio inmediato anterior, no hubieran excedido del límite a que se refiere este artículo.

---

[57] Prontuario de actualización fiscal (No. 496). Copropietarios. PAF, pp. 37.

2. Pagar el impuesto sobre la renta en los términos de esta Sección, siempre que, además de cumplir con los requisitos establecidos en la misma, presenten ante el Servicio de Administración Tributaria a más tardar el día 15 de febrero de cada año, una declaración informativa de los ingresos obtenidos en el ejercicio inmediato anterior. Los contribuyentes que utilicen máquinas registradoras de comprobación fiscal quedarán liberados de presentar la información a que se refiere este párrafo.

1.2.3.2.5 Enajenación de mercancías de procedencia extranjera

Es permitido que en el régimen de pequeños contribuyentes, se venda mercancía de procedencia extranjera; siempre que no rebase el límite establecido en Ley, de los $2´000,000 y además obtenga menos del 30% de sus ingresos por venta de mercancía de procedencia extranjera. En caso de que obtenga más del 30% de sus ingresos de mercancías extranjeras, podrá ser del régimen de pequeños contribuyentes, siempre que cumpla con lo siguiente:

Ingreso por enajenación de mercancía de procedencia extranjera[58]

(-) Costos de la mercancía de procedencia extranjera
(=)Utilidad por la venta de mercancía de procedencia extranjera
(x) 20%
(=)Impuesto por la mercancía de procedencia extranjera

1.2.3.2.6 Representantes legales de una empresa en sucesión

Sucesión es sinónimo de herencia y una de las definiciones del Diccionario de la Real Academia Española, así también, según el Código Civil Federal[59], la herencia es la sucesión en todos los bienes del difunto y en todos sus derechos y obligaciones que no se extinguen por la muerte.

---

[58] Servicio de Administración Tributaria (2005). Régimen de pequeños contribuyentes. Consultado en 08 de julio de 2013 en www.sat.gob.mx.

[59] Código Civil Federal (2007). Libro tercero de las sucesiones título primero (Disposiciones preliminares) art. 1281. Consultado en 08 de julio de 2013 en www.diputados.gob.mx.

Las disposiciones en el CFF sobre este particular es que cuando el autor de una sucesión haya sido contribuyente del régimen de pequeños y en tanto no se liquide la misma, el representante legal de ésta continuará cumpliendo con lo dispuesto en ley.

1.2.3.2.7 Cambio de régimen fiscal

Es válido que los contribuyentes del régimen de pequeños contribuyentes puedan cambiar su régimen fiscal. Como ejemplo se puede mencionar que si optan por tributar en las secciones I o II (Personas físicas con actividades empresariales y profesionales y Régimen intermedio de las personas físicas con actividades empresariales), a partir de la fecha en que comiencen a tributar en las mencionadas secciones podrán deducir las inversiones realizadas durante el tiempo que estuvieron tributando en este régimen, siempre y cuando no se hubieran deducido con anterioridad y se cuente con la documentación comprobatoria de dichas inversiones que reúna los requisitos fiscales.

Se puede cambiar del régimen intermedio al régimen de pequeños, cuando estimen que sus ingresos del ejercicio no excederán del límite de $ 2'000,000.00, para aprovechar:

- La inversión en activos fijos sujetos a deducción del 100%
- Generar pérdida en el primer año y amortizarla en el segundo.
- No pagar ISR o pagar el mínimo.
- Solicitar devolución de IVA
- Cambiar en el tercer ejercicio al régimen de pequeños; pagando cuota mínima de ISR.

NOTA: Para aprovechar los beneficios mencionados, es necesario que se considere lo siguiente:

a) Tener como máximo dos ejercicios en el régimen intermedio.
b) Que los ingresos en esos dos ejercicios no excedan de $2'000,000.00 anuales.

1.2.3.2.8 Tributar como asimilable

Cabe mencionar que las personas físicas del régimen de pequeños contribuyentes pueden efectuar pagos en la modalidad de asimilable a salario. Esto es de conformidad con la LISR que menciona: *"los ingresos que perciban las personas físicas de personas morales o de personas físicas con actividades empresariales, por las actividades empresariales, cuando comuniquen por escrito a la persona que efectúe el pago que optan por pagar el impuesto en los términos del capítulo de los ingresos por salarios".* [60]

1.2.3.2.9 Donación

En base al Código Civil Federal[61], la donación se define como sigue: *"es un contrato por el que una persona transfiere a otra, gratuitamente, una parte o la totalidad de sus bienes presentes"*

De acuerdo a LISR no se pagará el impuesto por los donativos en los siguientes casos:

- ❖ Entre cónyuges o los que perciban los hijos de los padres en línea recta, cualquiera que sea su monto.
- ❖ Los que perciban los padres de los hijos, sin limitación de grado.
- ❖ Los demás donativos siempre que el valor recibido no exceda 3 veces el salario mínimo general del área geográfica del contribuyente.

1.2.3.2.10 Herencia

Primeramente es importante dar a conocer el concepto de herencia en base al Código Civil Federal[62], el cual nos dice que: "Herencia es la sucesión en todos los bienes del difunto y en todos sus derechos y obligaciones que no se extinguen por la muerte". Así mismo, *"La herencia se defiere por la voluntad del testador o por disposición de la ley. La primera se llama testamentaria, y la segunda legítima".* Además, la LISR[63], refiere: "No se pagará impuesto sobre la renta por la obtención de ingreso por herencia".

---

[60] Artículo 110 fracción VI de la LISR Consultado en 08 de julio de 2013 en www.diputados.gob.mx.

[61] Código Civil Federal (2013). Titulo cuarto Capitulo I De las donaciones en general art. 2332. Consultado en 08 de julio de 2013 en www.diputados.gob.mx.

[62] Código Civil Federal (2007). Libro tercero de las sucesiones titulo primero (Disposiciones preliminares) art. 1282. Consultado en 08 de julio de 2013 en www.diputados.gob.mx.

[63] LISR (2012). Título Cuarto Capítulo De las personas físicas (Disposiciones generales) artículo 109 Fracción XVIII. Consultado en 08 de septiembre de 2013 en www.diputados.gob.mx.

El Diccionario Jurídico Mexicano[64], se sostiene que deriva de hereditas –atis, de *heres*, heredero, o bien de *haerentias*, de *haerens*, derecho a heredar. Igualmente, de *herens –entis*, heredero.

Luego entonces, la herencia es la transmisión de los bienes patrimoniales que una persona hace en vida para que sea entregado a otra, después de su muerte.

1.2.3.2.11 En el IVA

Sobre éste particular es conveniente hacer resaltar el derecho que menciona la ley del IVA[65], sobre la opción de hacer el pago mediante estimativa del IVA mensual que practiquen las autoridades fiscales. Para ello, dichas autoridades obtendrán el valor estimado mensual de las actividades por las que el contribuyente esté obligado al pago de este impuesto, pudiendo considerar el valor estimado de dichas actividades durante un año de calendario, en cuyo caso dicho valor se dividirá entre doce para obtener el valor de las actividades mensuales estimadas.

Para los efectos del cálculo mencionado anteriormente, no se deberá considerar el valor de las actividades a las que se les aplique la tasa del 0%. Al valor estimado mensual de las actividades se aplicará la tasa del IVA que corresponda.

1.2.3.2.12 Derechos fiscales en el CFF

También los pequeños contribuyentes, tienen derecho a una reducción del 50% de las multas disposición establecida en el Código Fiscal de la Federación,[66] en porcientos o en cantidades determinadas entre una mínima y otra máxima, salvo que se señale expresamente una multa menor para tales contribuyentes.

---

[64] Diccionario Jurídico Mexicano. Instituto de Investigaciones Jurídicas. Editorial Porrúa. Universidad Nacional Autónoma de México. Primera Edición 2000. México, D.F. p.1862

[65] Ley del Impuesto al Valor Agregado (2007). Artículo 2°C. Consultado en 08 de julio de 2013 en www.diputados.gob.mx

[66] Código Fiscal de la Federación (2000). Artículo 75. Consultado en 24 de Agosto de 2013 en www.diputados.gob.mx

1.2.3.2.13 Derechos en la LIETU

Contra el Impuesto Empresarial a Tasa Única (IETU), las autoridades acreditarán un monto equivalente al ISR propio del contribuyente estimado en los términos de la LISR y de los créditos que, en su caso, les corresponda aplicar en los términos de esta Ley, relativos al mes al que corresponda el pago estimado del IETU[67]

1.2.3.3 Beneficios fiscales

1.2.3.3.1 Decreto DOF 30 de Marzo de 2012

El decreto[68] de beneficios fiscales para 2012 aplicable al régimen de pequeños contribuyentes establece los siguientes puntos:

1. **Enajenación de Mercancía de Procedencia Extranjera**

   Como fundamento a éste beneficio el artículo 137 de la Ley de ISR establece que las personas físicas que realicen actividades empresariales que perciban ingresos acumulables inferiores a dos millones de pesos, y que más del treinta porciento de dichos ingresos provengan de la enajenación de mercancías de procedencia extranjera no pueden tributar bajo el régimen de pequeños contribuyentes. Y el mimo artículo te da la opción, en donde se puede hacer solo que deben de pagar el ISR por la enajenación de mercancías de procedencia extranjera, considerando una tasa del 20% del monto que resulte de disminuir al ingreso obtenido por la enajenación de dichas mercancías, el valor de adquisición de las mismas.

   Ahora, el mencionado decreto específicamente en el artículo 5.1, establece el beneficio para aquellas personas físicas que tributen bajo el régimen de pequeños contribuyentes y que se dediquen a la enajenación de mercancías de procedencia extranjera en la franja

---

67 Ley del Impuesto Empresarial a Tasa Única art 17 segundo párrafo (2010). Régimen de Pequeños Contribuyentes. Consultado en 08 de julio de 2013 en www.diputados.gob.mx.

68 Secretaria de Hacienda y Crédito Público (30 de marzo de 2013). Decreto fiscal. Consultado en julio 08 2013 en http://www.sat.gob.mx/sitio_internet/informacion_fiscal/legislacion/52_22188.html.

fronteriza, en donde se permite que se pague el ISR correspondiente a dichas enajenaciones considerando la tasa del 2% establecida en el artículo 138 de la LISR sobre el total de ingreso obtenido sin disminuir el costo de la mercancía.

2. Pago de IVA por enajenación de locales comerciales

Cabe mencionar que el artículo 5.2 del mencionado decreto establece una facilidad a los contribuyentes en donde se exime del pago del IVA que se cause por la enajenación de locales comerciales en las plazas que se establezcan mediante Programas Gubernamentales para reubicar a las personas físicas dedicadas al comercio en la vía pública que estén inscritos o que se inscriban al régimen de pequeños contribuyentes.

3. Pago anticipado de la cuota del régimen de pequeños contribuyentes

El beneficio que nos da a conocer el artículo 5.3 del decreto, establece la opción por realizar el pago anticipado de las cuota integrada anual, siempre y cuando el pago corresponda a todos los periodos autorizados por las entidades federativas en el año de que se trate y se realice en una sola exhibición a más tardar el 17 de marzo de dicho año. El pago anticipado a que se hace mención se calculará considerando los montos estimados de ISR, IETU e IVA, según corresponda a cada contribuyente.

1.2.3.3.2 Resolución Miscelánea fiscal para 2013

La resolución miscelánea para 2013[69], aplicable al régimen de pequeños contribuyentes, (DOF del 11 de Junio de 2010), señala:

1. El Régimen de Pequeños no está obligado a presentar declaración informativa, en materia de Impuesto Sobre la Renta (ISR), de acuerdo a lo mencionado en la siguiente regla:

---

[69] Secretaria de Hacienda y Crédito Público (2013). Resolución miscelánea fiscal. Consultado en julio 08 2013 en http://www.sat.gob.mx/sitio_internet/ informacion_fiscal/legislacion/52_22111.html.

Para los efectos del artículo 137, cuarto párrafo de la Ley del ISR, los contribuyentes que tributen de conformidad con la Sección III del Capítulo II del Título IV de la Ley del ISR, únicamente presentarán la declaración informativa de los ingresos obtenidos en el ejercicio fiscal de 2012, cuando sea requerida por las autoridades fiscales.

2. **Obligación del Régimen de Pequeños de presentar declaraciones bimestrales en lugar de mensuales, plasmada en la regla siguiente:**

Para los efectos del artículo 139, fracción VI, penúltimo párrafo de la Ley del ISR, los contribuyentes a que se refiere este Capítulo, en lugar de presentar declaraciones mensuales, deberán hacerlo en forma bimestral en la que se determinará y pagará el impuesto en los términos de la citada fracción VI. LISR 139

Capítulo II

LEY DEL IMPUESTO EMPRESARIAL A TASA ÚNICA

2.1 Introducción

El 14 de septiembre de 2007, el Congreso de la Unión aprobó la Ley del Impuesto Empresarial a Tasa Única (La Ley), la cual fue publicada el 1° de Octubre del mismo año en el Diario Oficial de la Federación. Esta nueva ley entra en vigor el 1° de enero de 2008 y abroga la Ley del impuesto al Activo.

Están obligadas al pago del impuesto empresarial a tasa única (IETU), las personas físicas y las morales residentes en territorio nacional, así como los residentes en el extranjero con establecimiento permanente en el país, por los ingresos que obtengan por enajenar bienes, prestación servicios independientes, otorgar el uso o goce temporal de bienes. Así mismo la tasa y la base del impuesto el 17.5% para el ejercicio 2013 considerando de los ingresos obtenidos efectivamente en un ejercicio menos las deducciones autorizadas del mismo periodo, respectivamente.

2.2 Derechos

2.2.1 Causación del IETU mediante el flujo de efectivo

Los ingresos serán gravados por el ietu en el momento de su cobro, y las deducciones se efectuaran en el momento de pagarlas efectivamente, de manera que el ietu es un impuesto sobre el flujo de efectivo.

LIETU art. 3 fracción IV.

2.2.2 Acreditamientos

Los acreditamientos permitidos por el IETU son los siguientes:

1.- Acreditamiento por Sueldos y Salarios Gravados
2.- Acreditamiento por Aportaciones de Seguridad Social
3.- Crédito Fiscal por Inversiones
4.- Crédito Fiscal de Inventarios
5.- Crédito Fiscal de Deducción Inmediata/ Pérdidas Fiscales
6.- Crédito Fiscal sobre Pérdidas Fiscales (Régimen Simplificado)
7.- Crédito Fiscal por Enajenaciones a Plazos
8.- Acreditamiento para Empresas Maquiladoras
9.- Acreditamiento de Pagos Provisionales del ISR enterados ante las oficinas autorizadas
10.- Acreditamiento de Pagos Provisionales del ISR entregados a la Controladora
11.- Acreditamiento del ISR Retenido
12.- Pagos Provisionales de IETU efectuados con anterioridad

2.2.3 No sujeto

Se eximen del pago de ietu los ingresos percibidos por personas que no realizan actividades tendientes a obtener utilidades sino actividades con fines distintos a los lucrativos, como son, entre otros:

1.- La federación, las entidades federativas, los municipios, las entidades de la administración pública paraestatal que conforme a la ley de impuesto sobre la renta estén considerados como no contribuyentes de dicho impuesto.
2.- Los partidos, asociaciones, coaliciones y frentes legalmente reconocidos.

3.- Las organizaciones que se constituyen para velar por los intereses de sus integrantes, como lo son los sindicatos obreros y los organismos que los agrupen, cámaras de comercio e industria, agrupaciones agrícolas, ganaderas, pesqueras o silvícolas, colegios de profesionistas asociaciones patronales, organismos que agrupen a sociedades cooperativas, entre otras.

4.- Las asociaciones o sociedades civiles organizadas con fines científicos, políticos, religiosos y culturales, a excepción de aquellas que proporcionen servicios con instalaciones deportivas cuando el valor de estas represente mas de 25% del valor total de las instalaciones.

5.- Las instituciones o sociedades civiles constituidas únicamente con el objeto de administrar fondos o cajas de ahorro, y aquellas a las que se refiere la legislación laboral, las sociedades cooperativas de entidades de ahorro y crédito popular.

6.- Las personas morales con fines no lucrativos y fideicomisos, autorizados para recibir donativos deducibles en los términos de la ley del impuesto sobre la renta, siempre que los ingresos obtenidos se destinen a los fines propios de su objeto social.

7.- Los que perciban las personas físicas y morales provenientes de actividades agrícolas, ganaderas, silvícolas o pesqueras hasta por los limites que se encuentran exentos conforme a la ley del impuesto sobre la renta, y siempre que dichas personas se encuentran inscritas en el registro federal de contribuyentes.

8.- Los percibidos por personas físicas cuando realicen alguna de las actividades gravadas por el impuesto empresarial a tasa única en forma accidental.LIETU art 4

2.2.4 Exenciones del sector primario para IETU

La LIETU exenta del pago de impuesto a los contribuyente del sector primario cuyos ingresos no excedan, en el caso de personas físicas, de 40 veces el salario mínimo general elevado al año, y 20 veces para las personas físicas integrantes de una persona moral, sin exceder el equivalente a 200 contribuyentes estén inscritos en el registro federal de contribuyentes.

2.2.5 Deducciones fiscales del IETU

Los contribuyentes que se encuentren obligados al pago del impuesto empresarial a tasa única, podrán disminuir las siguientes deducciones:[1]

Erogaciones por la adquisición de bienes, de servicios independientes o por uso o goce temporal de bienes, o para la administración, producción, comercialización y distribución de bienes y servicios.

Las contribuciones a cargo del contribuyente pagadas en México (erogaciones no deducibles).

El impuesto al valor agregado o el impuesto especial sobre producción y servicios cuando el contribuyente no tenga derecho a acreditarlos.

Las contribuciones a cargo de terceros pagadas en México cuando formen parte de la contraprestación excepto el ISR retenido o de las aportaciones de seguridad social.

Erogaciones por aprovechamientos, explotación de bienes de dominio público, por la prestación de un servicio público sujeto a una concesión o permiso, siempre que sean deducibles para ISR.

Las inversiones nuevas que sean deducibles para el IETU adquiridas en el periodo del 1 de septiembre al 31 de diciembre del 2007, hasta por el monto de la contraprestación efectivamente pagada por estas inversiones en el citado periodo. El monto se deducirá en una tercera parte en cada ejercicio fiscal a partir de 2008, hasta agotarlo.

Las devoluciones de bienes que se reciban de los descuentos o bonificaciones que se hagan, así como de los depósitos o anticipos que se devuelvan siempre que los ingresos de las operaciones que les dieron origen hayan estado afectos al IETU.

1. Indemnizaciones por daños y perjuicios y penas convencionales.
2. La creación o incremento de las reservas matemáticas vinculadas con los seguros de vida o seguros de pensiones.
3. Las cantidades que paguen las instituciones de seguros a los asegurados o a sus beneficiarios cuando ocurra el riesgo amparado y las cantidades que paguen las instituciones de fianzas.
4. Los premios que paguen en efectivo las personas que organicen loterías, rifas, sorteos o juegos con apuestas y concursos de toda clase, autorizados conforme a las leyes respectivas.
5. Los donativos no onerosos ni remunerativos. (Pero sólo a un 7.5 por ciento de las utilidades anuales de la persona que dona, es decir, no todos los donativos serán deducibles de este impuesto.)

Las pérdidas por créditos incobrables por:

1.- Los servicios por los que devenguen intereses a su favor.
2.- Las quitas, condonaciones, bonificaciones y descuentos sobre la cartera de créditos que representen servicios por los que devenguen intereses a su favor.
3.- Las pérdidas originadas por la venta de su cartera y por aquellas pérdidas que sufran en las daciones en pago.
4.- Las pérdidas por créditos incobrables y caso fortuito o fuerza mayor, deducibles en los términos de la Ley del Impuesto sobre la Renta, correspondientes a ingresos afectos al IETU, hasta por el monto del ingreso afecto al IETU.

2.3 Beneficios

2.3.1 Decreto publicado DOF 30/03/2012

Para los efectos de la LIETU encontramos que se publican en el mencionado decreto[70] una serie de estímulos fiscales, los cuales se detallan a continuación:

1. Acumulación del ingreso conforme lo establece la ley del impuesto sobre la renta.

El beneficio consiste en que los contribuyentes podrán optar por considerar como percibidos los ingresos por las actividades a que se refiere el artículo 1 de la Ley del Impuesto Empresarial a Tasa Única en la misma fecha en la que se acumulen para los efectos del impuesto sobre la renta, en lugar del momento en el que efectivamente se cobre la contraprestación correspondiente. Aclara la autoridad que sólo será aplicable respecto de todos los ingresos que se deban acumular para los efectos del impuesto sobre la renta en un ejercicio fiscal distinto a aquél en el que se cobren efectivamente dichos ingresos.

2. Deducción de pérdidas por créditos incobrables

Otro beneficio del mismo decreto consiste en que los contribuyentes que sufran pérdidas por créditos incobrables respecto de los ingresos con relación

---

[70] DOF (2013). DECRETO que compila diversos beneficios fiscales y establece medidas de simplificación administrativa., [en línea]. Consultado en 18 ago,2013 en http://www.dof.gob.mx/nota_detalle.php?codigo=5241653&fecha=30/03/2013

al artículo 1 de la LIETU, podrán deducir dichas pérdidas en la misma fecha en la que se deduzcan para los efectos del impuesto sobre la renta, sin que el monto de las pérdidas que se deduzcan exceda del monto que se consideró como ingreso gravado en los términos de este artículo. Se aclara en el mismo decreto que si el contribuyente recupera las cantidades deducidas, estas deberán gravarse nuevamente conforme lo establece el artículo 1 de esta ley.

3. Pagos provisionales para los contribuyentes que no estén obligadas a dictaminar

Para los contribuyentes que no estén obligadas a dictaminar sus estados financieros de conformidad con el artículo 32-A del Código Fiscal de la Federación; y si están obligados a dictaminarse, pueden tomar esta opción siempre y cuando el valor de sus activos o el número de trabajadores no excedan las cantidades a que se refiere la fracción citada.

El beneficio consisten que puedan efectuar pagos provisionales mensuales del impuesto empresarial a tasa única; que en lugar de realizar el cálculo de los pagos correspondientes en los meses impares, es decir, enero, marzo, mayo, julio, septiembre y noviembre del ejercicio fiscal de que se trate, lo hagan para determinar dichos pagos considerando el impuesto empresarial a tasa única que hubieran efectivamente pagado, correspondiente a los dos meses inmediatos anteriores a aquél al que corresponda el pago provisional que se calcula; citando como ejemplo que para el pago provisional de enero, tomaría como base para determinar el pago del IETU los meses de noviembre y diciembre del año anterior y para marzo, consideraría los meses de enero y febrero, y así sucesivamente para los meses de mayo, julio, septiembre y noviembre.

2.3.2 Resolución Miscelánea fiscal para 2013

La resolución miscelánea emitida para el 2013 en relación a la LIETU[71], establece lo siguiente:

1. Comprobantes fiscales expedidos en el ejercicio anterior al pago

[71] SAT (2013). Resolución Miscelánea Fiscal 2012, [en línea]. Consultado en 18 ago,2013 en http://www.sat.gob.mx/sitio_internet/informacion_fiscal/legislacion/52_22111.html

Se considera que se cumple con el requisito relativo a la fecha de expedición de la documentación comprobatoria establecido en el artículo 31, fracción XIX, primer párrafo de la Ley del ISR, cuando el comprobante respectivo haya sido expedido en un ejercicio fiscal anterior a aquél en el que se haya efectivamente pagado la erogación deducible. Fundamentación: artículo 6, fracción IV de la Ley del IETU y RMF 2013 I.4.2.6.

2. Compensación de pagos provisionales de IETU contra ISR del ejercicio a pagar

Los contribuyentes podrán compensar los pagos provisionales del IETU efectivamente pagados correspondientes al ejercicio fiscal de que se trate, contra el ISR propio que efectivamente se vaya a pagar correspondiente al mismo ejercicio, hasta por el monto de este último impuesto. Fundamentación: artículo 8 de la Ley del IETU y RMF 2013 I.4.3.1.

3. Compensación del IETU a favor contra impuestos federales

Después de compensar contra el ISR propio del mismo ejercicio, y resultara una diferencia a favor, el contribuyente podrá compensar esta cantidad, contra las contribuciones federales a su cargo en los términos del artículo 23 del CFF, si derivado de lo anterior quedara remanente de saldo a favor se podrá solicitar en devolución. Fundamentación: artículo 8, cuarto párrafo de la Ley del IETU y RMF 2013 I.4.3.2.

4. ISR efectivamente pagado por acreditar

En esta resolución miscelánea se aclara que se consideran como efectivamente pagados el ISR propio del ejercicio por acreditar y del pago provisional del ISR por acreditar, que ambos se enteren simultáneamente con la declaración del ejercicio o con el pago provisional del IETU. Fundamentación: artículos 8 y 10 de la Ley del IETU y RMF 2013 I.4.3.3.

5. Deducción de donativos en pagos provisionales

Los contribuyentes podrán efectuar la deducción de donativos conforme lo establece el artículo 5, fracción VIII de la ley del IETU, en el mismo periodo por el que se determine el pago provisional. Fundamentación: artículo 9, tercer párrafo de la Ley del IETU y RMF 2013 I.4.3.6.

6. ISR pagado en el extranjero por acreditar

Los contribuyentes que perciban ingresos provenientes de fuente de riqueza ubicada en el extranjero gravado por el IETU, también podrán considerar como ISR propio, para los efectos de la determinación de los pagos provisionales del IETU, el ISR pagado en el extranjero respecto de dichos ingresos en el periodo al que corresponda el pago provisional. Se aclara en esta resolución miscelánea, que el ISR pagado en el extranjero no podrá ser superior al monto del ISR acreditable en los términos del artículo 6 de la Ley del ISR que corresponda al periodo por el que se efectúa el pago provisional. Fundamentación: artículo 10, quinto párrafo de la Ley del IETU y RMF 2013 I.4.3.8.

7. Opción para llevar contabilidad simplificada

Se establece que cubren la obligación de llevar una contabilidad simplificada, cuando los contribuyentes que de conformidad con las disposiciones fiscales en materia de ISR puedan llevar una contabilidad simplificada; cumplan con los términos que establece el CFF y su reglamento. No requieren de llevar una contabilidad simplificada los contribuyentes que obtengan ingresos por otorgar el uso o goce temporal de bienes inmuebles que únicamente tengan como erogación deducible el predial. Fundamentación: artículo 18, fracción I de la Ley del IETU y RMF 2013 I.4.5.1.

2.3.3 Resolución de facilidades administrativas 2013

La resolución de facilidades administrativas emitida para el 2013 en relación a la LIETU[72], establece lo siguiente:

1. Facilidad para sociedades cooperativas de producción pesqueras o silvícolas

Las sociedad cooperativas de producción que realicen exclusivamente actividades pesqueras o silvícolas, la facilidad consiste en que podrán optar por dejar de observar el límite de 200 veces el salario mínimo a que se refiere la primera parte del último párrafo del artículo 81 de la última Ley del IETU, siempre que, al tomar esta opción se cumpla con lo siguiente:

---

[72] SAT (2013). Otras disposiciones publicadas en el DOF 2013, [en línea]. Consultado en 18 ago,2013 en http://www.sat.gob.mx/sitio_internet/ informacion_fiscal/legislacion/52_22188.html

a) cumplan con sus obligaciones fiscales en los términos del Título II del Capítulo VII de la Ley del ISR y que cuenten con concesión o permiso del Gobierno Federal para explotar los recursos marinos o silvícolas,

b) el número total de socios o asociados de la Sociedad Cooperativa de Producción sea superior a diez,

c) los socios o asociados dejen de aplicar, en lo individual, la exención a que se refiere el artículo 109, fracción XXVII de dicha Ley hasta por 20 veces el salario mínimo general correspondiente al área geográfica del contribuyente, elevado al año, y

d) que de los rendimientos a distribuir en el ejercicio fiscal, la parte exenta que se distribuya a cada uno de los socios o asociados no exceda de 20 veces el salario mínimo general correspondiente al área geográfica del contribuyente, elevado al año.

Los rendimientos que se repartan en exceso de esa cantidad deberán de tributar conforme a lo dispuesto en el artículo 81, fracción III de la Ley del ISR. Aclara la autoridad para hacer validad esta facilidad la sociedad cooperativa de producción deberá presentar a más tardar dentro de los 30 días siguientes a la entrada en vigor de la presente Resolución, ante la ALSC (Administración Local de Servicios al Contribuyente) que corresponda a su domicilio fiscal, escrito libre en el que manifieste que ejercerá la opción contenida en esta regla. Fundamentación: los artículos 81, último párrafo de la Ley del ISR y 4, fracción IV de la Ley del IETU y RFA 2012 1.11.

2. Pagos Provisionales semestrales para el IETU

Esta facilidad va dirigida a los contribuyentes dedicados a las actividades agrícolas, silvícolas, ganaderas o de pesca, que opten por realizar pagos provisionales del ISR en forma semestral, deberán presentar en el mismo plazo la declaración correspondiente al IETU.

Aclara la autoridad que el contribuyente deberán presentar su aviso de opción ante las autoridades fiscales a más tardar dentro de los 30 días siguientes a la entrada en vigor de la presente Resolución, en términos de lo establecido en el artículo 26, fracción V del Reglamento del Código y en la ficha 79/CFF del Anexo 1-A de la RMF. Los contribuyentes que por ejercicios fiscales anteriores ya hubieran presentado su aviso de opción para presentar sus pagos provisionales de ISR en forma semestral, ya no deberán presentar el aviso correspondiente hasta en tanto no cambien la opción elegida. Fundamentación: RFA 2013 1.14.

3. No obligación de presentar declaración de las personas físicas exentas del IETU

La facilidad de la no obligación va dirigida a las personas físicas dedicadas a actividades agrícolas, silvícolas, ganaderas o pesqueras, que cumplan con sus obligaciones fiscales en los términos del Título IV, Capítulo II, Secciones I o II de la Ley del ISR, cuyos ingresos en el ejercicio fiscal no excedan de un monto equivalente a 40 veces el salario mínimo general de su área geográfica elevado al año y que no tengan la obligación de presentar declaraciones periódicas, que se inscriban en el RFC a través de los adquirentes de sus productos o de los contribuyentes a los que les otorguen el uso o goce, de conformidad con el procedimiento que se señala en la página de Internet del SAT y conforme al artículo 27 del CFF; y además expidan CFDI (Comprobante Fiscal Digital por Internet), no estarán obligadas a presentar declaraciones de pago provisional y anual del IETU por los ingresos propios de su actividad, incluyendo las declaraciones de información correspondientes. Fundamentación: RFA 2013 1.15.

4. Exención de 40 SMG anual para personas físicas

Esta facilidad está condicionada a los contribuyentes dedicados a las actividades agrícolas, silvícolas, ganaderas o de pesca que en el caso de que en el transcurso del ejercicio fiscal de que se trate, sus ingresos excedan del monto exento referido en la Ley del IETU, deberán pagar por el excedente, el impuesto, a partir del mes en que sus ingresos rebasen dicho monto exento. Fundamentación: artículo 4, fracción IV de la Ley del IETU y RFA 2013 1.16.

5. Adquisición de bienes facturados a través de los adquirentes

Esta facilidad va destinada a las personas físicas o morales que adquieran productos a contribuyentes que se encuentren exentos del pago del ISR y del IETU, dedicados exclusivamente a actividades agrícolas, silvícolas, ganaderas o pesqueras, para los efectos de la Ley del ISR y del artículo 6, fracción IV de la Ley del IETU, podrán comprobar dichas adquisiciones siempre que se trate de la primera enajenación realizada. Fundamentación: RFA 2013 1.17.

CAPITULO III

LEY DEL IMPUESTO AL VALOR AGREGADO

3.1 Introducción

A partir de 2002, a través de la ley de ingresos de la federación se estableció la causación del IVA y su respectivo acreditamiento mediante el cobro y pago efectivo por lo que en 2002 comenzó a utilizarse el de efectivo para efectos de causación y acreditamiento del IVA, y ya en año 2003, entraron en vigor las reformas a la LIVA estableciéndose los momentos de causación y acreditamiento con base en el flujo de efectivo y entrando en vigor a partir del 1 de enero de dicho año, que establece la regulación para lo efectivamente cobrado y lo efectivamente pagado.

Este impuesto es un gravamen al consumo,[73] es decir, quien lo paga es el consumidor final finalmente, los obligados a enterar el impuesto son solo los recaudadores y los retenedores de este, al pagar íntegramente el impuesto que a su vez han retenido o cuando lo han cobrado previa disminución o acreditamiento.

---

[73] l.C rodmyna aurora Domínguez pastrana (julio 2013). calculo de IVA. grupo Gasca, pp. 4.

El impuesto al valor agregado es un impuesto indirecto, donde el contribuyente que lo causa se lo traslada a su cliente cuando realiza los actos o actividades objeto de dicho impuesto, el cual se encuentra implícito en la contraprestación pactada.

A si mismo son Sujetos del impuesto al valor agregado las personas físicas y personas morales, que realicen actividades gravadas de objeto los que enajenen bienes, presten servicios independientes, otorguen el uso o goce temporal de bienes y importen o servicios las tasa que tiene vigentes en impuesto al valor agregado tasa general del 16%, 11%, 0 y exentas

3.2 Derechos

3.2.1 Exenciones

3.2.1.1 Enajenación

1.- Suelo.
2.- Construcciones adheridas al suelo, destinadas o utilizadas para casa habitación. Cuando solo parte de las construcciones se utilicen o destinen a casa habitación, no se pagara el impuesto por dicha parte. Los hoteles no quedan comprendidos en esta fracción.
3.- Libros, periódicos y revistas, así como el derecho para usar o explotar una obra, que realice su autor.
4.- Bienes muebles usados, a excepción de los enajenados por empresas.
5.- Billetes y demás comprobantes que permitan participar en loterías, rifas, sorteos o juegos con apuestas y concursos de toda clase, así como los premios respectivos, a que se refiere la ley del impuesto sobre la renta.
6.- Moneda nacional y moneda extranjera, así como las piezas de oro o de plata que hubieran tenido tal carácter y las piezas denominadas onza troy.
7.- Partes sociales, documentos pendientes de cobro y títulos de crédito, con excepción de certificados de depósito de bienes cuando por la enajenación de dichos bienes se esté obligado a pagar este impuesto y de certificados de participación inmobiliaria no amortizables u otros títulos que otorguen a su titular derechos sobre inmuebles distintos a casa habitación o suelo. En la enajenación de documentos pendientes de cobro, no queda comprendida la enajenación del bien que ampare el documento.
8.- Lingotes de oro con un contenido mínimo de 99% de dicho material, siempre que su enajenación se efectué en ventas al menudeo con el público en general. LIVA art 9

3.2.1.2 Uso y goce temporal de bienes

* Inmuebles destinados a casa habitación[74]
* Fincas destinadas a fines agropecuarios
* Bienes tangibles cuyo uso o goce sea otorgado por residentes en el extranjero sin establecimiento permanente en territorio nacional, por los que se hubiera pagado el impuesto en los términos del artículo 24 de esta ley.
* Enajenación de libros periódicos y revistas

LIVA articulo 20

3.2.1.3 Importaciones

1.- Las que, en los términos de la legislación aduanera, no lleguen a consumarse, sean temporales, tengan el carácter de retorno de bienes exportados temporalmente o sean objeto de transito o transbordo.
2.- Las de equipajes y menajes de casa a que se refiere la legislación aduanera.
3.- Las de bienes cuya enajenación en el país y las de servicios por cuya prestación en territorio nacional no den lugar al pago del impuesto al valor agregado o cuando sean de los señalados en el artículo 2o. a de esta ley.
4.- Las de bienes donados por residentes en el extranjero a la federación, entidades federativas, municipios o a cualquier otra persona que mediante reglas de carácter general autorice la secretaria de hacienda y crédito público.
5.- Las de obras de arte que por su calidad y valor cultural sean reconocidas como tales por las instituciones oficiales competentes, siempre que se destinen a exhibición pública en forma permanente.
6.- Las de obras de arte creadas en el extranjero por mexicanos o residentes en territorio nacional, que por su calidad y valor cultural sean reconocidas como tales por las instituciones oficiales competentes, siempre que la importación sea realizada por su autor.
7.- Oro, con un contenido mínimo de dicho material del 80%.
8.- La de vehículos, que se realice de conformidad con el artículo 62, fracción i de la ley aduanera, siempre que se cumpla con los requisitos

---

[74] CENGAGE LEARNING (). PRONTUARIO FISCAL. En (Ed.), (pp.).: CENGAGE. (Original publicado en 2013.)

---

y condiciones que señale la secretaria de hacienda y crédito público mediante reglas de carácter general.

LIVA art 25

3.2.1.4 Prestación de servicios

1.- Las comisiones y otras contraprestaciones que cubra el acreditado a su acreedor con motivo del otorgamiento de créditos hipotecarios para la adquisición, ampliación, construcción o reparación de bienes inmuebles destinados a casa habitación, salvo aquellas que se originen con posterioridad a la autorización del citado crédito o que se deban pagar a terceros por el acreditado.

2.- Las comisiones que cobren las administradoras de fondos para el retiro o, en su caso, las instituciones de crédito, a los trabajadores por la administración de sus recursos provenientes de los sistemas de ahorro para el retiro y por los servicios relacionados con dicha administración, a que se refieren la ley de los sistemas de ahorro para el retiro y la ley del instituto de seguridad y servicios sociales de los trabajadores del estado, así como las demás disposiciones derivadas de estas.

3.- Los prestados en forma gratuita, excepto cuando los beneficiarios sean los miembros, socios o asociados de la persona moral que preste el servicio.

4.- Los de enseñanza que preste la federación, el distrito federal, los estados, los municipios y sus organismos descentralizados, y los establecimientos de particulares que tengan autorización o reconocimiento de validez oficial de estudios, en los términos de la ley general de educación, así como los servicios educativos de nivel preescolar.

5.- El transporte público terrestre de personas, excepto por ferrocarril.

6.- El transporte marítimo internacional de bienes prestado por personas residentes en el extranjero sin establecimiento permanente en el país. En ningún caso será aplicable lo dispuesto en esta fracción tratándose de los servicios de cabotaje en territorio nacional.

7.- El aseguramiento contra riesgos agropecuarios y los seguros de vida ya sea que cubran el riesgo de muerte u otorguen rentas vitalicias o pensiones, así como las comisiones de agentes que correspondan a los seguros citados.

8.- Por los que deriven intereses

9.- Por los que se deriven de operaciones financieras derivadas a que se refiere el artículo 16-a del código fiscal de la federación.

10.- Los proporcionados a sus miembros como contraprestación normal por sus cuotas y siempre que los servicios que presten sean únicamente los relativos a los fines que les sean propios, tratándose de:

Los de espectáculos públicos por el boleto de entrada, salvo los de teatro y circo, cuando el convenio con el estado o acuerdo con el departamento del distrito federal, donde se presente el espectáculo no se ajuste a lo previsto en la fracción vi del artículo 41 de esta ley. la exención prevista en esta fracción no será aplicable a las funciones de cine, por el boleto de entrada.

No se consideran espectáculos públicos los prestados en restaurantes, bares, cabarets, salones de fiesta o de baile y centros nocturnos.

11.- Los servicios profesionales de medicina, cuando su prestación requiera titulo de medico conforme a las leyes, siempre que sean prestados por personas físicas, ya sea individualmente o por conducto de sociedades civiles.

12.- Los servicios profesionales de medicina, hospitalarios, de radiología, de laboratorios y estudios clínicos, que presten los organismos descentralizados de la administración pública federal o del distrito federal, o de los gobiernos estatales o municipales.

LIVA ART 15

3.2.2 Causación del impuesto al valor con forme a flujo de efectivo

Para los efectos de esta ley se considera efectivamente cobradas el momento en que se causa, se acredita y se retiene el IVA, es el momento del flujo en efectivo, en bienes, o en servicios, aun cuando aquellas correspondan a anticipos, depósitos o a cualquier otro concepto sin importar el nombre con el que se les designe, o bien, cuando el interés del acreedor queda satisfecho mediante forma de extinción de las obligaciones que dan lugar a la contraprestación.

Cuando el precio o contraprestación pactados por la enajenación de bienes, la prestación de servicios o el otorgamiento del uso o goce temporal de bienes se pague mediante cheque, se considera que el valor de la operación, así como el impuesto al valor agregado trasladado correspondiente, fueron efectivamente pagados en la fecha de cobro del mismo o cuando los contribuyentes transmitan los cheques a un tercero, excepto cuando dicha transmisión sea en procuración.

LIVA articulo 17

3.2.3 Retenciones de impuesto al valor agregado

Personas morales que reciban servicios personales independientes o arrendatarios de personas físicas el momento que la retención es pague la contraprestación y se entere junto los impuestos que se pagan a mas tardar el día 17 de mes siguiente a aquel en el de efectuó la retención. El que retenga el IVA esta obligado al pago y entero del IVA en otros casos existe la retención del IVA del 4% para autotransportes lo menciona RLIVA art 3 frac II.

3.2.4 Devolución o compensación de saldos a favor

Cuando en la declaración de pago provisional resulte saldo a favor, el contribuyente podrá acreditarlo contra el impuesto a su cargo que le corresponda en los meses siguientes hasta agotarlo o solicitar su devolución, o llevar a cabo su compensación contra otros impuestos en los términos del art 23 de código fiscal de la federación siempre que sea sobre el total del saldo a favor

Si en la declaración del ejercicio el contribuyente tuviera cantidades a su favor, podrá acreditarlas en declaraciones de pago provisional posteriores o solicitar su devolución total.

Los saldos cuya devolución se solicite no podrán acreditarse en declaraciones posteriores.

LIVA art 6

3.2.5 Derecho de acreditamiento del impuesto al valor agregado

El acreditamiento consiste en restar el impuesto acreditable, de la cantidad que resulte de aplicar a los valores señalados en esta ley, la tasa que corresponda según sea el caso.

Cuando en la declaración de pago provisional resulte saldo a favor, el contribuyente podrá acreditarlo contra el impuesto a su cargo que le corresponda en los meses siguientes hasta agotarlo o solicitar su devolución

LIVAart 4

3.2.6 Momento de acreditar el impuesto al valor agregado

El acreditamiento sólo procederá cuando el contribuyente haya pagado efectivamente el impuesto al valor agregado que le trasladaron sus proveedores, haya sido efectivamente pagado en el mes de que se trate.

LIVA art. 5- fracción III

CAPITULO IV

LEY DEL IMPUESTO ESPECIAL SOBRE PRODUCCIÓN Y SERVICIOS

4.1 Introducción

En su artículo 1o la LIEPYS[75] menciona que están obligados al pago de este impuesto las personas físicas y las morales que realicen los actos o actividades siguientes:

La enajenación de bebidas con contenido alcohólico, alcohol, tabacos labrados, gasolina, diesel y bebidas energizantes en territorio nacional o, en su caso, la importación definitiva.

La prestación de los servicios de: a) la comisión, mediación, agencia, representación, correduría, consignación y distribución con motivo de la enajenación de bebidas con contenido alcohólico, alcohol, tabacos labrados y

---

[75] SAT (2013). Ley del Impuesto Especial sobre Producción y Servicios. Consultado en 18 ago,2013 en http://www.sat.gob.mx/sitio_internet/informacion_fiscal/legislacion/52_22066.html.

bebidas energizantes; b) la realización de juegos con apuestas y sorteos; y c) redes públicas de telecomunicaciones.

4.2 Derechos

4.2.1 Causación del IESPYS conforme se cobre

En la fracción C del artículo 5o. de la LIEPYS se establece que se consideran efectivamente cobrados los actos gravados, conforme se realicen los supuestos que establece la LIVA[76], permitiendo con esto pagar el impuesto al momento que son cobrados al cliente los siguientes actos gravados:

a) Enajenen bienes.
b) Presten servicios independientes.
c) Importes bienes o servicios.

4.2.3 Deducción del IESPYS cuando se trate de un consumidor final o no sujeto

En el inciso D) de la fracción I del artículo 8o. de la LIEPYS encontramos que no considera como sujetos de este impuesto a las personas que efectúen con público general la venta de: cerveza, bebidas refrescantes, bebidas energizantes, puros y otros tabacos labrados; quedan excluidos los fabricantes, productores, envasadores, distribuidores o importadores.

4.2.4 Elección de la mejor opción entre acreditar o compensar

Sobre el acreditamiento la LIEPYS en su segundo párrafo del artículo 5º, establece que los contribuyentes podrán acreditar el impuesto traslado tratándose:

1) De la enajenación de: bebidas con contenido alcohólico y cerveza, bebidas energizantes y;
2) De la importación de: bebidas con contenido alcohólico y cerveza, tabacos labrados, gasolinas, diesel y bebidas energizantes.

---

[76]	SAT (2013). Ley del Impuesto al Valor Agregado (artículo 1o.B). Consultado en 18 ago,2013 en http://www.sat.gob.mx/sitio_internet/informacion_fiscal/legislacion/52_22066.html.

Dicho acreditamiento procederá cuando el contribuyente refleje los actos gravados conforme a lo señalado por la misma ley.

En el cuarto párrafo del mismo numeral se establece que el contribuyente únicamente podrá compensar los saldos a favor, resultantes de sus declaraciones de pago mensuales, contra el impuesto a cargo en sus declaraciones mensuales siguientes hasta agotarlo. Además, en el mismo artículo se aclara que el contribuyente pierde el derecho de compensar los saldos a favor si no aplica dicho procedimiento en los dos meses siguientes.

4.2.5 Aprovechar la opción de no ser sujeto de la LIESPYS

Para los efectos de esta ley (en su artículo 8o inciso C de la fracción I) no se consideran sujetos de la misma, las personas que no sean fabricantes, productores o importadores de: tabacos labrados, gasolina y diesel; por lo que los contribuyentes pueden realizar los actos de intermediación hasta el consumidor final sin causar el impuesto.

4.3 Beneficios

4.3.1 Decreto publicado DOF 19/06/2012

Para los efectos de la LIEPYS encontramos que se publican en el mencionado decreto[77] una serie de estímulos fiscales, los cuales se detallan a continuación:

1. A los importadores o enajenantes de cerveza sin alcohol.

El beneficio en este caso consiste en una cantidad equivalente al 100% del impuesto especial sobre producción y servicios que deba pagarse por la importación o enajenación del bien mencionado y será acreditable contra el impuesto que deba pagarse por las citadas actividades.

---

[77] DOF (2013). DECRETO por el que se establece un estímulo fiscal a la importación o enajenación de cerveza sin alcohol, [en línea]. Consultado en 18 ago,2013 en http://dof.gob.mx/nota_detalle.php?codigo=5255228&fecha=19/06/2013.

2. **A los contribuyentes que presten servicios de comisión, mediación, agencia, representación, correduría, consignación y distribución en la enajenan de cerveza sin alcohol.**

El beneficio consistirá en una cantidad equivalente al 100% del impuesto que deba pagarse en la prestación de los mencionados servicios y será acreditable contra el impuesto especial sobre producción y servicios que deba pagarse por las citadas actividades. Este estímulo será aplicable siempre que no se traslade al fabricante, productor, envasador o importador de dicho bien, cantidad alguna por concepto de este impuesto.

4.3.2 Resolución Miscelánea fiscal para 2013

La resolución miscelánea emitida para el 2013 en relación a la LIEPYS[78], establece lo siguiente:

1. Peso total de los tabacos labrados

En este comunicado se aclara que para obtener la cuota especifica con la que se aplicara el impuesto, se debe dividir entre 0.75 el peso total de los tabacos labrados, enajenados o importados; además se especifica que dicho peso deberá estar expresado en gramos. Fundamentación: artículo 2, fracción I, inciso C), tercer párrafo y del artículo 5, segundo párrafo de la Ley del IEPS; y RMF 2013 I.6.1.1.

2. Momento opcional para la adhesión de marbetes

Los contribuyentes que enajenen bebidas alcohólicas con una graduación de hasta 14° G. L., podrán optar por adherir el marbete cuando hayan adherido la etiqueta y contra etiqueta del producto, en lugar de hacerlo inmediatamente después de su envasamiento. Fundamentación: artículo 19, fracción V de la Ley del IEPS; y RMF 2013 I.6.2.2.

3. Autorización para adhesión de marbetes al frente del envase

Se tendrá por cumplida la obligación de solicitar la autorización para adherir marbetes en la parte frontal del envase, abarcando parte de la etiqueta

---

[78] SAT (2012). Resolución Miscelánea Fiscal 2013, [en línea]. Consultado en 18 ago,2013 en http://www.sat.gob.mx/sitio_internet/informacion_fiscal/legislacion/52_22111.html

y parte del propio envase, cuando se dé cumplimiento a lo dispuesto en la ficha de trámite 24/IEPS denominada "Solicitud de Inscripción al padrón de contribuyentes de bebidas alcohólicas ante el RFC" contenida en el Anexo 1-A de esta resolución. Fundamentación: artículo 19, fracción V, tercer párrafo de la Ley del IEPS y RMF 2013 I.6.2.3.

4. No impresión del código de Seguridad en cajetillas de cigarros para su venta en México

Durante el ejercicio fiscal de 2013, los productores, fabricantes e importadores de cigarros y otros tabacos labrados, con excepción de puros y otros tabacos labrados hechos enteramente a mano, podrán no imprimir el código de seguridad en cada una de las cajetillas de cigarros para su venta en México. Fundamentación: artículo 19, fracción XXII de la Ley del IEPS y RMF 2013 I.6.2.5.

5. De los sistemas centrales de apuestas, de caja y control de efectivo para el registro de juegos, apuestas y sorteos

a) Para los contribuyentes que en forma habitual realicen juegos con apuestas y sorteos en establecimientos fijos, podrán cumplir con los requisitos del sistema de cómputo conforme lo señalado en el apartado B del Anexo 17 de esta resolución, siempre y cuando cumpla con las características técnicas, de seguridad y requerimientos de información, y envió de información establecida en la LIEPYS. Fundamentación: artículo 20, fracción II de la Ley del IEPS y RMF 2013 I.6.2.6.

b) Para los contribuyentes que lleven a cabo sorteos o concursos a través de programas comerciales de concursos, de preguntas y respuestas, y otros semejantes en que se ofrezcan premios, en los que en alguna etapa de su desarrollo intervenga directa o indirectamente el azar, que se transmitan o se promocionen por medios de comunicación masiva, podrán optar por cumplir con los requisitos del sistema de cómputo, mediante el envío de la información requerida conforme lo establece el apartado H del Anexo 17. Fundamentación: artículo 20, fracción II de la Ley del IEPS y RMF 2013 I.6.2.6.

c) Cuando los contribuyentes presten el servicio de juegos con apuestas y sorteos a través de agencias, se cumplirá ante el SAT con las características técnicas, de seguridad y requerimientos de información del sistema de cómputo, conforme lo establece el apartado F del

Anexo 17. Fundamentación: artículo 20, fracción II de la Ley del IEPS y RMF 2013 I.6.2.6.

6. Etiquetas o contraetiquetas de bebidas alcohólicas envasadas que se destinen a la exportación

Para los contribuyentes que exporten bebidas alcohólicas, podrán adherir a los envases que las contengan, etiquetas o contraetiquetas lo datos de identificación de sus representantes comerciales, en lugar de los datos del importador. Fundamentación: artículo 19 de la Ley del IEPS y artículo 15, primer párrafo del Reglamento de la Ley del IEPS.

CAPITULO V

LEY DEL IMPUESTO A LOS DEPÓSITOS EN EFECTIVO

5.1 Introducción

5.1.1 Antecedentes

La Ley del Impuesto a los Depósitos en Efectivo fue aprobada por el Congreso de la Unión el 1° de octubre de 2007, como parte del paquete de Reforma Fiscal propuesto por el Ejecutivo encabezado por el presidente Felipe Calderón el cual entraría en vigor a partir del 1° de Enero del ejercicio 2008 tomando en cuenta que gravaría con una tasa del 3% al excedente de 25,000.00 de los depósitos en efectivo realizados en las instituciones financieras.

El 1° de noviembre del 2009 se realizó un cambio a la ley reduciendo la cantidad de efectivo de $25,000 a $15,000 y aumentando la tasa del 2% al 3%,

Por ello, a partir del 1° de enero de 2010 se obliga al pago del impuesto mencionado a las personas físicas y morales (empresas) que realicen depósitos en efectivo mayores a $15,000 pesos mensuales, considerando todos los depósitos que se realicen en todas las cuentas de las que el cliente sea titular en una misma institución del sistema financiero.

5.1.2 Sujetos

Las personas físicas y morales están obligadas al pago del Impuesto Sobre Depósitos en Efectivo, establecido en esta ley respecto de todos los depósitos en efectivo, en moneda nacional o extranjera, que se realicen en cualquier tipo de cuenta que tengan a su nombre en las instituciones del sistema financiero.

Según señala el Mtro. Fernando Camacho Lupercio; para dichos efectos, tratándose de depósitos cuyos destinarios finales sean múltiples, se entenderá que el depósito corresponde al titular registrado de la cuenta. No obstante, mediante comunicación por escrito, dicho titular podrá solicitar a la institución del sistema financiero que el impuesto a los depósitos en efectivo se distribuya entre las personas que aparezcan en el contrato como sus cotitulares, en la proporción que señale en el escrito mencionado.

5.1.3 Tasa

Se calcula sobre el total de los depósitos en efectivo que se reciban dentro del mes que corresponda en todas las cuentas en las que sea titular en una misma institución del sistema financiero. Si dicha suma de depósitos en efectivo excede de $15,000.00, tal excedente causará el 3 por ciento de impuesto.

Por ejemplo

Suma de los depósitos en efectivo en todas las cuentas en las que sea titular $ 18,000.00

- Monto exento $ 15,000
- Excedente $ 3,000
- Tasa IDE 3% (Tres por ciento)
- Impuesto que se debe recaudar **$ 90.00**

5.1.4 Base

Cuando una persona realice varios depósitos a plazo en una misma institución del sistema financiero cuyo monto acumulado exceda de $15,000.00 en un mes, dicha institución deberá recaudar el impuesto a los depósitos en efectivo indistintamente de cualquiera de las cuentas que tenga abiertas el contribuyente en ella. En el caso de que dicha persona no sea titular de otro tipo de cuenta en la institución que recibió los depósitos, ésta deberá recaudar el impuesto a los depósitos en efectivo, indistintamente, al vencimiento de cualquiera de los depósitos a plazo que haya realizado dicha persona.

5.2 Derechos

5.2.1 Depósitos que no causan IDE

No se consideran depósitos en efectivo con fundamento en el Art. 1, segundo párrafo de la LIDE, y por tanto no pagan este impuesto, (no son objeto de esta ley) los abonos que nos efectúen mediante:

- Transferencia electrónica de fondos
- Traspasos entre cuentas propias
- Títulos de crédito como son los cheques y otro documento o sistema pactado con el sistema financiero conforme a la Ley, aun cuando sean a cargo de la misma institución que los reciba. [79]

5.2.2 Son sujetos exentos de IDE

La ley del IDE[80] en su artículo 2 hace mención de las personas que no están obligadas el pago de este impuesto el cual se clasifican a continuación:

I. La Federación, las Entidades Federativas, los Municipios y las entidades de la administración pública paraestatal que, conforme al Título III de la Ley del Impuesto sobre la Renta o la Ley de Ingresos de la Federación, estén considerados como no contribuyentes del impuesto sobre la renta.

II. Las personas morales con fines no lucrativos conforme al Título III de la Ley del Impuesto sobre la Renta.

III. Las personas físicas y morales, por los depósitos en efectivo que se realicen en sus cuentas, hasta por un monto acumulado de $15,000.00, en cada mes del ejercicio fiscal, salvo por las adquisiciones en efectivo de cheques de caja. Por el excedente de

---

[79] Tax Servicios Empresariales, S.C. (2008). IDE. Consultado en 29, 09, 2013 en http://www.taxse.com.mx/publicaciones/ley_impuesto_depositos_efectivo.html.

[80] SAT (2013). Ley del IDE. Consultado en 30,09,2013 en ftp://ftp2.sat.gob.mx/asistencia_servicio_ftp/publicaciones/legislacion10/LIDE_071213.doc.

dicha cantidad se pagará el impuesto a los depósitos en efectivo en los términos de esta Ley.

El monto señalado en el párrafo anterior, se determinará considerando todos los depósitos en efectivo que se realicen en todas las cuentas de las que el contribuyente sea titular en una misma institución del sistema financiero.

En los casos a que se refiere el segundo párrafo del artículo 3 de esta Ley, el monto señalado en esta fracción se aplicará al titular de la cuenta, salvo que éste manifieste una distribución distinta en los términos descritos en dicho párrafo.

IV. Las instituciones del sistema financiero, por los depósitos en efectivo que se realicen en cuentas propias con motivo de su intermediación financiera o de la compraventa de moneda extranjera, salvo los que se realicen en las cuentas a las que se refiere el artículo 11 de esta Ley.

V. Las personas físicas, por los depósitos en efectivo realizados en sus cuentas que a su vez sean ingresos por los que no se pague el impuesto sobre la renta en los términos del artículo 109, fracción XII de la Ley del Impuesto sobre la Renta.

VI. Las personas físicas, con excepción de las que tributen en los términos del Título IV, Capítulo II, de la Ley del Impuesto sobre la Renta, por los depósitos en efectivo que se realicen en cuentas propias abiertas con motivo de los créditos que les hayan sido otorgados por las instituciones del sistema financiero, hasta por el monto adeudado a dichas instituciones.

Para los efectos del párrafo anterior, las personas físicas que tengan abiertas las cuentas a que se refiere dicho párrafo deberán proporcionar a la institución del sistema financiero de que se trate su clave en el Registro Federal de Contribuyentes, a efecto de que ésta verifique con el Servicio de Administración Tributaria, de conformidad con las reglas de carácter general que para tal efecto emita ese órgano desconcentrado, que dichas personas físicas no son contribuyentes que tributan en el Título IV, Capítulo II, de la Ley del Impuesto sobre la Renta.

5.2.4 Recuperación mensual y anual del IDE

El IDE es recuperable mensualmente siempre y cuando sea efectivamente pagado o retenido por las instituciones financieras, de tal manera que los conceptos que se aplican a este son las siguientes:

Acreditamiento

Se podrá acreditar contra el pago provisional de ISR del mes, si se tuviera remanente, este se podrá acreditar contra el ISR retenido a terceros del mismo mes.

Compensación

Si se volviese a tener remanente, este se podrá compensar contra las contribuciones federales a cargo del mes o posteriores (IVA, IETU, IEPS, TENENCIA DE AERONAVES, RETENCIONES DE IEPS)

Devolución

Si después del Acreditamiento y la compensación, tuviésemos remanente, este se podrá solicitar en devolución, siempre que se dictamen los estados financieros conforme al artículo 32-A del Código Fiscal de la Federación.

La aplicación del IDE, es, por disposición en la propia ley, en ese orden, no se puede solicitar devolución sin antes aplicar el procedimiento de Acreditamiento y compensación.[81]

5.3 Beneficios

5.3.1 Decretos

Decreto que compila diversos beneficios fiscales y establece medidas de simplificación administrativa. Publicado el 30 de Marzo del 2012.

Artículo 4.1. Los contribuyentes que de conformidad con el artículo 8, cuarto párrafo de la Ley del Impuesto a los Depósitos en Efectivo soliciten la devolución de la diferencia de dicho impuesto que resulte después de aplicar los procedimientos de Acreditamiento y compensación a que se refieren los tres primeros párrafos del mencionado artículo, podrán optar por no presentar el dictamen a que se refiere el cuarto párrafo del artículo citado, siempre que

---

[81]   Tax Servicios Empresariales SC (2008). Análisis de la Ley del Impuesto al Depósito en Efectivo. Consultado en 30,09,2013 en http://www.taxse.com.mx/ publicaciones/ley_impuesto_depositos_efectivo.html.

presenten la información en los plazos y medios que, mediante reglas de carácter general, establezca el Servicio de Administración Tributaria.[82]

5.3.2 Resolución Miscelánea fiscal para 2013

Las Reglas de la Resolución Miscelánea Fiscal[83] 2012 aplicables al Impuesto a los Depósitos en Efectivo y que podemos resaltar para esta investigación son las siguientes;

5.3.2.1 Acreditamiento del IDE efectivamente pagado contra ISR retenido a terceros

Para los efectos de los artículos 7 y 8 de la Ley del IDE, los contribuyentes podrán estar a lo siguiente:

I. Acreditar una cantidad equivalente al IDE efectivamente pagado en el mes o en el ejercicio de que se trate, contra el ISR retenido a terceros en dicho mes o ejercicio.

II. Si después de efectuar el acreditamiento a que se refiere la fracción anterior existiere una diferencia, el contribuyente podrá compensar esta cantidad a favor contra las contribuciones federales a su cargo en los términos del artículo 23 del CFF.

Las sociedades controladas también podrán compensar la diferencia a que se refiere el párrafo anterior, contra el ISR que deban entregar a la sociedad controladora en los términos del artículo 76, fracción II de la Ley del ISR, en el periodo de que se trate.

A su vez, la sociedad controladora podrá reconocer en el pago provisional consolidado de que se trate, el ISR pagado por las sociedades controladas en los términos del párrafo anterior.

---

[82] Decreto que compila diversos beneficios fiscales y establece medidas de simplificación administrativa. (2013). Ley del Impuesto al Depósito en Efectivo. Consultado en 30,09,2013 en ftp://ftp2.sat.gob.mx/asistencia_servicio_ftp/publicaciones/legislacion12/decretobeneficiosfiscales_30032013.doc.

[83] Secretaria de Hacienda y Crédito Público (2012). Resolución Miscelánea Fiscal 2013. Consultado en 01,10,2013 en ftp://ftp2.sat.gob.mx/asistencia_servicio_ftp/publicaciones/legislacion12/RMF2013.doc.

III. Si después de aplicar los procedimientos de acreditamiento y compensación a que se refieren las fracciones anteriores, subsistiere alguna diferencia, la misma podrá ser solicitada en devolución en los términos de los artículos 7, cuarto párrafo y 8, cuarto párrafo de la Ley del IDE, según corresponda.

5.3.2.2 Opción para personas físicas con actividades empresariales del régimen intermedio de acreditar IDE pagado contra los impuestos pagados a la Federación

Para los efectos de los artículos 7 y 8 de la Ley del IDE, tratándose de personas físicas que tributen bajo el régimen establecido en el Título IV, Capítulo II, Sección II de la Ley del ISR, se entenderá que el IDE efectivamente pagado en el ejercicio o, en su caso, en el mes de que se trate, será acreditable solamente contra los impuestos pagados a la Federación en el periodo que corresponda.

5.3.2.3 Acreditamiento, compensación y devolución del IDE

Para los efectos del artículo 8 de la Ley del IDE, los contribuyentes que en el mes de que se trate no tengan ISR a su cargo contra el cual puedan acreditar el IDE efectivamente pagado en dicho mes, en virtud de haber realizado el pago provisional del ISR correspondiente, de encontrarse disminuyendo pérdidas fiscales de ejercicios anteriores, o bien, de haber efectuado el Acreditamiento de otras cantidades a que tengan derecho conforme a las disposiciones de la Ley del ISR, podrán considerar que el Acreditamiento del IDE se realiza contra una cantidad equivalente a $0.00 pesos, con lo cual la diferencia que subsista a su favor pueda ser susceptible de acreditarse contra el ISR retenido a terceros en dicho mes.

Del mismo modo, los contribuyentes que en el mes de que se trate no tengan ISR retenido a terceros, o bien, habiéndolo tenido hayan efectuado el entero correspondiente o hayan acreditado contra éste otras cantidades a que tengan derecho conforme a las disposiciones de la Ley del ISR, podrán considerar que el Acreditamiento de la diferencia de IDE se realiza contra una cantidad equivalente a $0.00 pesos, permitiendo así la generación de una diferencia susceptible de ser compensada contra otras contribuciones federales en términos del artículo 23 del CFF.

Si después de efectuar los Acreditamiento a que se refiere el artículo 8 citado, subsistiere alguna diferencia susceptible de compensarse, los contribuyentes que no hayan causado otras contribuciones federales, o bien, que hayan extinguido sus obligaciones de pago por cualquier medio permitido por las leyes fiscales, podrán considerar que la compensación de dicha diferencia se realiza contra una cantidad equivalente a $0.00 pesos, generando una diferencia susceptible de solicitarse en devolución.

La opción anteriormente señalada no releva al contribuyente de dictaminar la solicitud de devolución del IDE establecida en el artículo 8, cuarto párrafo de la citada Ley.

Lo anterior resulta aplicable en lo conducente a los mecanismos de Acreditamiento, compensación y, en su caso, devolución a que se refiere el artículo 7 de la Ley del IDE.

5.3.2.4 Recaudación del IDE cuando las cuentas estén aseguradas o embargadas

Cuando a solicitud de alguna autoridad judicial o administrativa se ordene el aseguramiento o embargo de los fondos disponibles en las cuentas a nombre del contribuyente, la recaudación del IDE se realizará hasta la fecha en que dicha medida se levante o se deje sin efectos.

Si como consecuencia de las medidas a que se refiere el párrafo anterior, no es posible recaudar el IDE a cargo del contribuyente una vez concluido el ejercicio fiscal de que se trate, las instituciones del sistema financiero podrán informar como pendiente el IDE que no haya sido recaudado.

Capitulo VI

COMERCIO EXTERIOR

6.1 Derechos plasmados en leyes

6.1.1 Ley del impuesto al valor agregado

Los derechos establecidos en esta ley son para las personas físicas o morales enunciadas en la presente, y son los siguientes:

1. De acuerdo al Art. 25, no pago de IVA en importación en los siguientes casos:
   a) En los términos de la legislación aduanera, no lleguen a consumarse,
   b) temporales,
   c) tengan el carácter de retorno de bienes exportados temporalmente o
   d) sean objeto de tránsito o transbordo.
   e) Cuando se maneje el régimen aduanero de recinto fiscalizado estratégico.
   f) los de equipajes y menajes de casa a que se refiere la legislación aduanera.
   g) Las de bienes donados por residentes en el extranjero a la Federación, entidades federativas, municipios o a cualquier otra persona que mediante reglas de carácter general autorice la Secretaría de Hacienda y Crédito Público.
   h) Las de obras de arte

i) Oro, con un contenido mínimo de dicho material del 80%.

j) La de vehículos, que se realice de conformidad con el artículo 62, fracción I de la Ley Aduanera

2. En la exportación:

a) impuesto aplicando la tasa del 0% en al enajenación de bienes o servicios de acuerdo a lo estipulado en el Art. 29.

b) A quieren hayan efectuado exportación de bienes tangibles de manera definitiva, esta Ley que podrá considerarse como impuesto acreditable, el impuesto que les trasladaron y retuvieron, aun cuando no hayan enterado el impuesto retenido de conformidad con lo dispuesto en la fracción IV del artículo 5o. de esta Ley.[84]

6.1.2 Ley del Impuesto sobre la renta

Esta Ley es aplicativa para las personas físicas y morales enumeradas en la presente, contemplando los siguientes derechos:

1. No se pagará este impuesto con relación a las siguientes importaciones, de acuerdo al artículo 13:

a) importaciones temporales

b) retornos o tránsitos

c) importaciones bajo régimen de recinto fiscalizado estratégico.

d) Las de aguamiel y productos derivados de su fermentación.

e) Los bienes en franquicia de conformidad con lo dispuesto en la Ley Aduanera.

f) la importación de Alcohol, alcohol desnaturalizado y mieles incristalizables, siempre y cuando cumplan con lo establecido en el Art. 19 de la presente Ley, y de más disposiciones.

2. Se puede hacer la deducción de este en los siguientes casos Art. 172: La adquisición de viene de importación definitiva,

a) En la importación temporal, es deducible hasta que se retorne al extranjero el producto de acuerdo a los términos que establezca la Ley Aduanera.

b) Lo destinado a Deposito Fiscal

---

[84] Diputados (2013). Ley del Impuesto al Valor Agregado. Consultado en 08, 18,13 en http://www.diputados.gob.mx/LeyesBiblio/pdf/77.pdf.

3. La importación de bienes introducidos al país antes de 1º de Enero de 1981 con sustento en el Art. Quinto transitorio.[85]

6.1.3 Maquilas

En el caso especial de las maquilas, las cuales trabajan bajo el esquema de importaciones temporales de materia prima y/o productos semi-terminados, las cuales están exentas de pago de arancel, están sujetas al Art. 216-bis de la presente ley, lo cual contempla que:

a) La utilidad fiscal de este tipo de empresas debe ser equivalente al 6.9% sobre el valor total de los activos utilizados en la operación de maquila;
b) o el 6.5% sobre el monto total de los costos y gastos incurridos en el año.
c) Asimismo, las ventas que realice la maquiladora en territorio nacional, son sujetas a documentación mediante un estudio de precios de transferencia conforme a lo establecido en los artículos 215 y 216 de la LISR.

Por lo que puede hacer acreedor a lo siguiente:

1. se reduce del impuesto sobre la renta que resulte sobre la utilidad fiscal mayor determinada conforme al 6.9% sobre el total de activos o
2. al 6.5% sobre costos y gastos, el impuesto sobre la renta que resultaría de calcular dicha utilidad fiscal aplicando el 3% en ambos casos.[86]

6.1.4 Ley aduanera

Se menciona la presente ley debido a que en materia de comercio exterior es la encargada de regular todo lo relacionado a la entrada o salida de mercancías, misma que se relaciona con la LIGIE (Ley de Impuesto General de Importación y Exportación), en donde se menciona el Arancel (impuesto a cubrir por la importación o exportación de mercancías), la cual esta apoyada

[85] Diputados (2013). LISR. Consultado en 08, 18,13 en http://www.diputados.gob.mx/LeyesBiblio/pdf/82.pdf.
[86] Lechuga, Santillán Efraín (2013). LISR. En (ed.), Agenda Fiscal 2013 (pp. 307-312). México: Ediciones Fiscales ISEF.

de otros ordenamientos; dirigida a las personas físicas y morales relacionadas con el comercio exterior. Mencionando los siguientes derechos:

1. El Art. 61 nos indica que estamos exentos de pago de arancel en los siguientes casos:
   a) mercancías donadas para ser destinadas a fines culturales de enseñanza, de investigación, de salud pública o de servicio social
   b) Las monedas, aleaciones y demás materias primas
   c) Los vehículos destinados a servicios internacionales para el transporte de carga o de personas
   d) La maquinaria y equipo obsoleto, con antigüedad mínima de tres años contando a partir de la fecha de importación temporal.
   e) Los desperdicios donados a maquiladoras
2. Exento de pago de impuesto al comercio exterior de las importaciones temporales.
3. No pago de impuesto al comercio exterior de las exportaciones temporales
4. El Art. 135-B menciona que no se hará pago de impuesto al comercio exterior de las mercancías destinadas a recinto fiscalizado estratégicos a excepción de quienes introduzcan mercancías bajo un programa de diferimiento o devolución de aranceles[87].

6.1.5 Ley de impuestos generales de importación y exportación

Dentro de esta ley se contempla lo denominado **Regla Octava,** la cual, tiene su base en el Art.2 de la LIGIE, publicada en el D.O.F. de 18 de Junio de 2007, y en la 8va Regla complementaria de la presente ley, por lo que de ahí su denominación. Debe aclararse que para hacerse uso de este mecanismo, es necesario que la empresa este registrada como fabricante ante la Secretaria de Economía a fin de que esta extienda el permiso correspondiente sobre la mercancía a importar, teniendo como beneficio lo siguiente:

1. No Pago de Arancel por importación definitiva de insumo, partes o componentes[88].

---

[87] Cámara de Diputados (2013). LA. Consultado en 07, 18,13 en http://www.diputados.gob.mx/LeyesBiblio/pdf/12.pdf.

[88] Cámara de Diputados (2013). LIGIE. Consultado en 07, 18,13 en http://www.diputados.gob.mx/LeyesBiblio/pdf/LIGIE.pdf.

6.2 Reglas generales en materia de comercio exterior

La regla 3.7.3[89] de las Reglas Generales en Materia de Comercio exterior, en el párrafo VI inciso e) indicar que para las empresas de mensajería, cuando en la guía aérea del destinatario se mencione un valor inferior a 300 dólares USA o su equivalente en moneda nacional, las mercancías no estarán sujetas al pago de IGI, IVA y DTA.

6.3 Miscelánea fiscal

A continuación se enumeran diversas misceláneas aplicativas al comercio exterior sobre diferentes materias[90].

1. Deducción de bienes adquiridos en 2004 e importados temporalmente sobre ISR[91]

En el numeral I.3.3.3.1. Nos dice que para los adquiridos en el ejercicio fiscal 2004 bajo el régimen de importación temporal y no se hubiera podido deducir en ese ejercicio, y mientras estas no estén consideradas dentro del inventario del ejerció, podrán deducirse en el ejercicio en el que se retorne al extranjero de acuerdo a los términos establecidos en la Ley Aduanera.

2. Valor de inventarios y activos fijos de maquiladoras

Para los efectos del artículo 216-Bis, fracción II, inciso a), numerales 1

Y 2 de la Ley del ISR, las maquiladoras podrán optar por considerar el valor de los

---

[89] SAT (2013). Décima Segunda Resolución de Modificaciones a las Reglas de Carácter General en Materia de Comercio Exterior para 2013. Consultado en 08, 18,2013 en http://www.sat.gob.mx/sitio_internet/informacion_fiscal/legislacion/52_21252.html.

[90] DOF (2013). Resolución Miscelánea Fiscal para 2013. Consultado en 07, 18,13 en http://dof.gob.mx/nota_detalle.php?codigo=5227122&fecha=28/12/2013.

[91] SHCP (2013). Resolución Miscelánea Fiscal para 2013. Consultado en 08, 18,13 en ftp://ftp2.sat.gob.mx/asistencia_servicio_ftp/.../RMF2013_2.doc.

Inventarios y el monto original de la inversión en el caso de activos fijos, considerando el valor consignado en el pedimento de importación correspondiente.

A dichos inventarios o activos fijos, siempre que el valor consignado en el pedimento sea mayor al que se encuentre registrado en la contabilidad del residente en el extranjero propietario de dichos bienes.

3. Exclusión del valor de las actividades incluidas en el estímulo fiscal a la importación o enajenación de jugos, néctares y otras bebidas para el cálculo de la estimativa

Para los efectos del artículo 2-C de la Ley del IVA, cuando al contribuyente le aplique el estímulo fiscal otorgado mediante el "Decreto por el que se establece un estímulo fiscal a la importación o enajenación de jugos, néctares y otras bebidas" publicado en el DOF el 19 de julio de 2006, para el cálculo del valor estimado mensual de las actividades por las que el contribuyente esté obligado al pago de este impuesto, no se considerará el valor de las actividades que den lugar al estímulo mencionado.

Para los efectos del párrafo anterior, se deberán expedir comprobantes fiscales simplificados en los términos del artículo 29-C del CFF.

(CFF 29-C, LIVA 2-C)

4. No pago del IVA en importaciones realizadas por embajadas y consulados

Para los efectos del artículo 25 de la Ley del IVA y del Artículo Segundo, fracción V de la Ley que Modifica al Código Fiscal de la Federación y a las Leyes del Impuesto sobre la Renta, Impuesto al Valor Agregado, Impuesto Especial sobre Producción y Servicios, Impuesto sobre Tenencia o Uso de Vehículos, Impuesto Federal sobre Automóviles Nuevos y Federal de Derechos, publicada en el DOF el 29 de diciembre de 1997, tratándose de la importación de bienes tangibles realizada por Embajadas y Consulados Generales de Carrera y Consulados de Carrera acreditados en nuestro país, se estará a lo siguiente:

En atención al principio de reciprocidad que rige entre los Estados, previsto en el artículo 1, tercer párrafo del CFF, no pagarán el IVA las representaciones internacionales citadas, por la importación de los bienes siguientes:

I. Objetos de viaje y demás artículos de uso personal que traigan consigo o reciban después de su llegada al país los embajadores, ministros plenipotenciarios, ministros residentes, encargados de negocios, consejeros, secretarios, agregados civiles, comerciales, militares, navales, cónsules generales de carrera, cónsules y vicecónsules de carrera en los términos de la Convención de Viena que vengan en misión diplomática, extraordinaria o consular a nuestro país.

Este tratamiento será extensivo a los padres, la esposa y los hijos de los funcionarios citados, siempre y cuando la importación de los bienes tangibles enumerados se efectúe por conducto de las representaciones de referencia.

II. Escudos, banderas, sellos, muebles y útiles de oficina destinados al uso exclusivo de las delegaciones, consulados y oficinas acreditadas en la República y objetos remitidos por un Jefe de Estado o Gobierno Extranjero a sus representantes oficiales.

III. Los efectos importados en bultos ordinarios o en paquetes postales para

5. Requisitos para la exención del ISAN en la importación de vehículos en franquicia

II.10.2. Para que proceda la exención del ISAN en los términos del artículo 8, fracción III de la Ley Federal del ISAN, deberá anexarse al pedimento de importación definitiva, el oficio emitido por la autoridad competente del SAT en el que se haya autorizado la importación definitiva del vehículo exenta del pago del ISAN, o del oficio en el que se haya autorizado la enajenación previa la importación definitiva exenta del pago de dicho impuesto, y deberá anotarse en los campos de observaciones y clave de permiso del pedimento respectivo, el número y fecha de dicho oficio.

LFISAN 8

6.4 Beneficios

6.4.1 Decretos

Sin bien es conocido que el crecimiento económico de un país está en su PIB(Producto Interno Bruto), también en su crecimiento en materia de comercio exterior, por lo que la Secretaría de Economía en conjunto con otras dependencia del Gobierno Federal ha desarrollado y puesto en marcha diversos programas que tienen como tarea promover la productividad y calidad de los procesos, a fin de contribuir en el desarrollo productivo del país, dentro de los cuales tienen beneficios fiscales para quienes los implementan.

Cabe señalar que dichos programas hacen mención a quienes aplica, por lo que se tiene el derecho de incorporarse en más de uno, si en ellos está considerada la industria de su interés u operación.

En líneas consecutivas se enumerarán los diversos programas y los beneficios que cada uno de ellos otorgan:

6.4.1.1 IMMEX

El Programa IMMEX es un instrumento mediante el cual se permite importar temporalmente los bienes necesarios para ser utilizados en un proceso industrial o de servicio destinado a la elaboración, transformación o reparación de mercancías de procedencia extranjera importadas temporalmente para su exportación o a la prestación de servicios de exportación, sin cubrir el pago del impuesto general de importación, del impuesto al valor agregado y, en su caso, de las cuotas compensatorias[92].

Dicho programa está dirigido a las personas morales que hayan establecido en México la administración principal del negocio o su sede de dirección efectiva;

Un solo Programa IMMEX, que puede incluir las modalidades de controladora de empresas, industrial, servicios, albergue y tercerización, siempre que cumplan con los requisitos previstos en el Decreto para el Fomento de la Industria Manufacturera, Maquiladora y de Servicios de Exportación (Decreto IMMEX), publicado en el Diario Oficial e la Federación el 1 de noviembre de 2006.

Beneficios:

En el mencionado decreto se resaltan los beneficios que presenta este programa, y algunos otros en materia de impuestos:

---

[92] SE (2012). IMMEX. Consultado en 07/08/2013 en http://www.economia.gob. mx/comunidad-negocios/industria-y-comercio/instrumentos-de-comercio-exterior/immex.

---

1. Plazo de permanencia por 6 meses:
   Las empresas que tengan la modalidad de IMMEX-SERVICIOS y trabajen el sector textil, tal y como lo dice el anexo III, Art. 4 IMMEX.

2. Plazo de permanencia por 12 meses:
   Los anexos II (Piernas de pollo, leche en polvo y maíz) y anexo III (Textiles), art. 4 IMMEX.

3. Plazo de permanencia por 18 meses:
   Para combustibles, lubricantes, materias primas, partes, componentes que se integren a la exportación, envases y empaques, folletos y etiquetas.

4. Plazo de hasta dos años
   Contenedores y cajas de tráiler

5. Importación temporal hasta por la vigencia del programa de:
   a) Maquinaria, equipo, herramientas, instrumentos, moldes y refacciones destinadas al proceso productivo.

   b) Equipos y aparatos para el control de la contaminación; para la investigación o capacitación, de seguridad industrial, de telecomunicación y cómputo, de laboratorio, de medición, de prueba de productos y control de calidad; así como aquéllos que intervengan en el manejo de materiales relacionados directamente con los bienes de exportación y otros vinculados con el proceso productivo.

   c) Equipo para el desarrollo administrativo la Maquinaria y equipo productivo, herramientas, instrumentos, moldes, refacciones, y todo el equipo para la contaminación, investigación, capacitación y el desarrollo administrativo, se pueden estar en el país hasta la vigencia del programa.

6. Devolución de IVA en saldos a favor en sus declaraciones, en un plazo no mayor de 5 días hábiles, solo aplica para la exportación.

7. No se estará obligado al pago de los impuestos al comercio exterior en los casos de importación temporal de acuerdo a lo establecido en el Artículo 14 del presente Decreto.

8. Se podrán diferir el pago del impuesto general de importación (IGI) siempre que cumplan con lo que señale el SAT mediante Reglas de Carácter General en Materia de Comercio Exterior, en la transferencia de las mercancías que hubieren importado temporalmente o los productos resultantes de los procesos industriales.

9. No pago del Impuesto General de importación (IGI) (de acuerdo a lo establecido en el 63-A de la Ley Aduanera y 303 del TLCAN)

10. No se pagan las Cuotas compensatorias (Articulo 104 de la ley aduanera)

11. No se paga el Impuesto al Valor Agregado (IVA), según artículo 9 fracción IX de la ley del IVA.

12. En compras nacionales no se pagara IVA de acuerdo a lo establecido en el Articulo 1-A, fracción IV de la Ley del IVA

13. Disminución del Derecho de Trámite Aduanero (DTA), del 8% al millar, según art. 49 de la ley Federal de Derechos (última reforma DOF15-12-2011), a 1.76% para maquinaria y $249.89 para los insumos o bien la tasa fija que este vigente.

6.4.1.2 ALTEX (Empresas Altamente Exportadoras)

Definición:

El programa de Empresas Altamente Exportadoras (ALTEX) es un instrumento de promoción a las exportaciones de productos mexicanos, destinado a apoyar su operación mediante facilidades administrativas y fiscales[93].

Dirigido a:

1. Las personas físicas o morales establecidas en el país productoras de mercancías no petroleras que demuestren exportaciones directas por un valor de dos millones de dólares o equivalentes al 40% de sus ventas totales, en el período de un año.

2. Las personas físicas o morales establecidas en el país productoras de mercancías no petroleras que demuestren exportaciones indirectas anuales equivalentes al 50% de sus ventas totales.

3. Las empresas de comercio exterior (ECEX), con registro vigente expedido por esta Secretaría.

4. Los exportadores directos e indirectos podrán cumplir con el requisito de exportación del 40% o dos millones de dólares, sumando los dos tipos de exportación. Para tal efecto, de las exportaciones indirectas únicamente se considerará el 80 por ciento de su valor.

---

[93] SE (2012). ALTEX, Consultado en 07/08/2013 en http://www.economia. gob.mx/comunidad-negocios/industria-y-comercio/instrumentos-de-comercio-exterior/altex.

Previstas en el Decreto para el fomento y operación de las Empresas Altamente Exportadoras, publicado el Diario Oficial de la Federación el 3 de Mayo de 1990.

Beneficios:

1. Devolución de saldos a favor del IVA, en un término aproximado de cinco días hábiles.
2. Importación temporal de mercancías.

6.4.1.3 ECEX (Empresas de Comercio Exterior)

Definición:

El registro de Empresas de Comercio Exterior (ECEX) es un instrumento de promoción a las exportaciones, mediante el cual las empresas comercializadoras podrán acceder a los mercados internacionales con facilidades administrativas y apoyos financieros de la banca de desarrollo[94].

Dirigido a:

A todas las personas físicas o morales que pretendan incursionar en la exportación, dedicadas a la comercialización de productos, las cuales cumplen con lo mencionado en el Decreto para el establecimiento de de Empresas de Comercio Exterior, publicado en el Diario oficial de la Federación el 11 de abril de 1997.

Beneficios:

1. Devolución inmediata de sus saldos a favor de impuesto al valor agregado (IVA) en un periodo de 5 días hábiles.
2. Devolución de Aranceles

---

[94] SE (2013). ECEEX. Consultado en 07/08/2013 en http://www.economia.gob. mx/comunidad-negocios/industria-y-comercio/instrumentos-de-comercio-exterior/ecex...

6.4.1.4 PROSEC (Programas de promoción sectorial)

Definición:

Los Programas de Promoción Sectorial (PROSEC) son un instrumento dirigido a personas morales productoras de determinadas mercancías, mediante los cuales se les permite importar con arancel ad-valorem preferencial (Impuesto General de Importación) diversos bienes para ser utilizados en la elaboración de productos específicos, independientemente de que las mercancías a producir sean destinadas a la exportación o al mercado nacional[95].

Dirigido a:

La personas morales que fabriquen las mercancías a que se refiere el artículo 4 del Decreto Prosec, empleando los bienes mencionados en el artículo 5 del propio Decreto por el que se establecen diversos Programas de Promoción Sectorial publicado en el D.O.F. el 2 de Agosto de 2002.

Beneficios:

1. En la Importación de bienes utilizador en la producción con arancel del IGI preferencial.

6.4.1.5 DRAWBACK

(DEVOLUCIÓN DE IMPUESTOS DE IMPORTACION A LOS EXPORTADORES)

Como preámbulo se debe de señalar que este beneficio esta previsto en los Decreto que establece la Devolución de los Impuestos a los exportadores que se publico en el D.O.F. EL 24 de abril de 1985 y el 29 de julio de 1987, hoy abrogados.

Definición:

DRAWBACK es el término internacional con el que se conoce, a la Devolución de Impuestos de Importación a los Exportadores, como

---

[95] SE /2013), PROSEC, Consultado en 08, 18,13) en http://www.economia.gob.mx/comunidad-negocios/industria-y-comercio/instrumentos-de-comercio-exterior/prosec.

consecuencia del pago por los bienes o insumos importados que se incorpora a mercancías de exportación o por las mercancías que se retornan en el mismo estado o por mercancías que han sido reparadas o alteradas, el presente Decreto fue publicado en el D.O.F. el 1 de mayo de 1995.

Dirigido a:

Las personas morales residentes en el país, que cumplan con los requisitos previstos en el Decreto que establece la Devolución de Impuestos de Importación a los Exportadores.

Beneficios:

1. Devolución de impuestos por importación de insumos incorporados en mercancías de exportación,
2. Devolución de impuesto por retorno de mercancías al extranjero en el mismo estado.
3. Devolución de impuestos por mercancías que han sido reparadas o alteradas

6.4.2 Otros

A continuación se enumeran algunas de las preferencias arancelarias que se tienen en materia de comercio exterior:

6.4.2.1 Certificado de origen

En el marco de los Tratados comerciales celebrados con otros países, y con la finalidad de garantizar le origen de ciertas mercancías se desarrolla lo denominado Certificado de Origen; el cual está considerado en el Acuerdo por el que se establece las normas para la determinación del país de origen de mercancías importadas y las disposiciones para su certificación, publicado en el DOF el 16 de octubre de 2008,

Definición:

El certificado de origen es el documento formal en donde se manifiesta que un producto o mercancía es originaria de un determinado país o región y que, por tanto, puede gozar del trato preferencial arancelaria.

Dirigido a:

Todas las personas físicas o morales relacionadas con el comercio exterior.

Beneficio:

Reducción de pago de impuestos en matera de comercio exterior llevándolo hasta estar exento.

6.4.2.2 Precios de transferencia (APA)

Definición:

Como tal una definición en materia fiscal no existe, por lo que citaremos la siguiente:

> "Precio de transferencia o de cesión es le precio interno que corresponde a una operación de transferencia entre unidades descentralizas, donde al menos una de ellas está construida como un verdadero centro de Beneficios, con responsabilidades y gestión separadas y determinadas de forma precisa."[96]

Entendiéndose entonces como el precio en el que se estima si un producto esta por debajo o de lo estimado comercialmente.

Dirigido a:

Todas las personas físicas o morales enmarcado en el Art. 1 ° de la LISR.

Beneficio:

Se podría mencionar que el sector mas beneficiado serian las maquilas, debido a que las operaciones realizadas por compra y venta, son partes relacionadas, por tanto están sujetas al Art. 216-bis de la Ley del Impuesto Sobre la Renta (ISR), donde se menciona que:

---

[96]   Diez de Castro, Enrique Carlos, Gestión de Precios. Escuela Superior de Gestión Comercial y Marketing Editores. Madrid 1996, p.33

Por lo que se podría mencionar que los beneficios serían los siguientes:

1. Reducción del ISR que resulte sobre la utilidad fiscal mayor determinada conforme al 6.9% sobre el total de activos o al 6.5% sobre costos y gastos, el impuesto sobre la renta que resultaría de calcular dicha utilidad fiscal aplicando el 3% en ambos casos.
2. En la importación temporal, está libre de arancel
3. Exento de impuesto al comercio exterior la mercancías donadas para ser destinadas a fines culturales, de enseñanza, de investigación, de salud pública o de servicio social (artículo 61, fracción IX, de la Ley Aduanera)

6.4.3 Criterios del SAT para IETU

A continuacion mencionaremos criterios manejados por el Servicio de Administracion tributaria[97] publicado el 9 de diciembre de 2011:

1. Pagos con y entre partes relacionadas provenientes de transferencia de tecnología o informaciones relativas a experiencias industriales, comerciales o científicas no son objeto de la Ley del Impuesto empresarial a tasa única.

La Ley del Impuesto Empresarial a Tasa Única establece en el segundo párrafo de la fracción I del artículo 3, que no se consideran dentro de las actividades a que se refiere dicha fracción, el otorgamiento del uso o goce temporal de bienes con y entre partes relacionadas residentes en México o en el extranjero que den lugar al pago de regalías.

En este contexto cualquier pago que se efectúe por concepto de regalías, con la excepción del pago por el uso o goce temporal de equipos industriales, comerciales o científicos, no es objeto de la ley cuando se efectúe con y entre partes relacionadas.

En las consideraciones del dictamen de la iniciativa respectiva en la parte conducente se establece claramente que la excepción anterior: "...obedece a que se ha identificado que los pagos de regalías se han utilizado como medios para erosionar la base del ISR...".

---

[97]   SAT (2013).. Consultado en 08, 18,2013 en ftp://ftp2.sat.gob.mx/asistencia_ servicio_ftp/publicaciones/legislacion11/CCNII_09122011.pdf.

Igualmente se dice que: "…la relación existente entre partes relacionadas permite flexibilizar las operaciones que realizan entre ellas y generalmente acuden al pago de regalías para reducir el gravamen en México y situar el ingreso en el extranjero…."

También se menciona: "…que las regalías, al ser bienes intangibles, son de fácil movimiento y ubicación en las transacciones que se efectúan con y entre partes relacionadas y de difícil control para la autoridad fiscal, lo que permite la realización de prácticas elusivas, tanto en la determinación de su valor económico como en su transmisión… incluso cuando los pagos de regalías se realizan aparentemente en condiciones de mercado".

Por todo lo anterior, se considera que no son objeto del impuesto empresarial a tasa única los ingresos que deriven de la transmisión de los derechos de bienes intangibles previstos en el artículo 15-B del Código Fiscal de la Federación.

6.4.4 Criterios del SAP para el IVA

6.4.4.1 Criterios Normativos 110/2011/IVA

Servicio internacional de transporte aéreo de bienes.

Ley del Impuesto al Valor Agregado en el articulo 29 fraccion V considera que el servicio intenacional de transportacion aérea mientras sea prestado por empresas residenten en el pais, se debe de considerar como exportacion por tanto debera estar gravado al 0% siempre y cuando el servicio inicie en el territorio nacional y termine el en extranjero.

Solo hay que tomar en cuenta que el Articulo 16 en los párrafos segundo y tercero de la presente Ley, considera como servicio de transportación internacional solo el 25% del servicio, cuando el mismo inicie en territorio nacional.

Por tanto se debe de entender que el 100% del servicio esta libre de impuesto; sin embargo cuando el servicio sea prestado por residentes extranjeros el 25% del servicio restante se sujetará a la tasa del 11% o del 16% según corresponda.

6.4.4.2 Criterio 115/2011/IVA

Tasa del 0% del impuesto al valor agregado. Resulta aplicable y no se pagará el impuesto especial sobre producción y servicios, cuando las mercancías nacionales sean destinadas al régimen de depósito fiscal para su exposición y venta en las tiendas denominadas "Duty Free".

6.4.4.3 Criterio 120/2011/LFD

Derecho de trámite aduanero, no se pagará por el retorno de mercancías importadas temporalmente para su elaboración, transformación o reparación.

CAPITULO VII

CODIGO FISCAL DE LA FEDERACION

7.1 Introducción

Todos tenemos la obligación de contribuir al gasto público por así determinarlo la Constitución Política de los Estados Unidos Mexicanos y por un sentido social de aportar para que se nos devuelva en protección, seguridad, servicios, etcétera; sin embargo generalmente solo nos limitamos al pago de las contribuciones sin conocer su esencia o sus procedimientos, por ello es importante conocer los derechos como contribuyente, la facultades de la autoridad Fiscal y por supuesto los medios de defensa a los que se puede recurrir.

Muchas empresas se ven afectadas por los procedimientos agresivos de la Autoridad Fiscal por el no pago de impuestos, por multas, determinación presuntiva o por la implementación de los nuevos impuestos; toda vez que la autoridad opta por ejercer su facultad de cobro al embargar los bienes de las empresas en su totalidad para forzarlas al pago de las contribuciones o en su caso para adjudicarse el producto de la venta de esos bienes, es por ello que debemos conocer perfectamente los procedimientos para determinar si se aplicaron correctamente, las obligaciones como contribuyente, sus facultades como autoridad, los medios de defensa, conocer los procedimientos para una planeación fiscal y evitar incurrir en infracciones o delitos fiscales.

7.2 Derechos

7.2.1 Los medios de defensa fiscal

Son instrumentos que la ley establece para proteger a los contribuyentes afectados por la violación o no aplicación de las disposiciones fiscales y son medios de control sobre los actos de autoridad.

Son los instrumentos procesales con que cuenta el gobernado para oponerse a la actuación de la autoridad administrativa tributaria, cuando considere que la misma no esta apegada a la ley o que viola un derecho. Por lo tanto, a través de los medios de defensa, las resoluciones administrativas o actos de autoridad son revisados para que se realicen conforme a la ley.

Estos medios de defensa persiguen que sea la propia autoridad que emitió el acto, la que revise su actuación, para que la modifique o anule al considerarse que carece de algún requisito legal.[98]

MEDIO DE DEFENSA	ACTOS CONTRA LOS QUE PROCEDE	PLAZO	FORMALIDADES	PLAZO DE RESOLUCION	IMPUGNACION DE LA RESOLUCION
Aclaración 33-A CFF	Determinación de contribuciones en la Presentación de declaraciones periódicas. Multas por errores aritméticos. Multas en relación al RFC. Multas por no presentar avisos, solicitudes, declaraciones o expedirlos incompletos. Los que determine la autoridad mediante reglas de carácter general.	6 días	Ninguna	6 días	No procede, ya que no constituye instancia

[98] MARTINEZ UC MIGUEL ANGEL (2006).. Consultado en 08 18 2013 en http://clubvirtual.gvaweb.com/admin/curricula/material/

Inconformidad 46 y 48 CFF	• Acta de visita domiciliaria • Oficios de Gabinete	20 días por cada ejercicio o fracción, 15 días más si se revisa más de un ejercicio. En casos de precios de transferencia el plazo es de 3 meses	Ninguna	No se establece	No constituye resolución definitiva, por lo que no podrá ser impugnada.
Recurso De Revocación 116 CFF	1.- Contra resoluciones definitivas que: Determinen contribuciones y sus accesorios. • Nieguen la devolución de cantidades que procedan conforme a la ley. • Dicten autoridades aduaneras • Cualquier resolución de carácter definitivo que cause agravio al particular en materia fiscal, salvo aquéllas a que se refieren los artículos 33-A (aclaración), 36(modificación de resoluciones) y74 (condonación de contribuciones)	45 días	Las que establece el articulo 18, además de incluir: • Resolución o el acto que se impugna • Agravios • Pruebas y hechos	3 meses	Juicio de lo Contencioso ante el Tribunal Federal de Justicia Fiscal y Administrativa.
Recurso De Revocación 116 CFF	II. Los actos que dicten las autoridades fiscales federales que: que su monto real es inferior al exigido, siempre que el cobro en exceso sea imputable a la oficina ejecutora o se refiera a recargos, gastos de ejecución o a la indemnización a que se refiere el art. 21. • Se dicten en el procedimiento administrativo de ejecución, cuando se alegue que éste.	45 días	Las que establece el articulo 18, además de incluir: • Resolución o el acto que se impugna • Agravios • Pruebas y hechos	3 meses	Juicio de lo Contencioso ante el Tribunal Federal de Justicia Fiscal y Administrativa.

Reconsideración 36 CFF	Cualquier resolución de carácter no favorable al particular, en el que se demuestre fehacientemente que la misma se emitió en contravención a las disposiciones fiscales, siempre que no haya sido impugnada por el contribuyente ni hubiere transcurrido el plazo para operar la prescripción del crédito fiscal.	No establece	Ninguna	3 meses	No podrá impugnarse

7.2.2 La garantía del interés fiscal garantizado mediante el embargo administrativo.

El interés fiscal es el derecho de las autoridades fiscales a la percepción de un pago, mismo que puede referirse a contribuciones o aprovechamientos y sus accesorios. El contribuyente debe garantizar el pago de dicho interés que le asegure a la autoridad fiscal el cumplimiento de la obligación sustantiva del contribuyente deudor.

Los contribuyentes podrán garantizar el interés fiscal mediante el embargo en la vía administrativa. (Fracción V del Artículo 141 del CFF)[100], que consiste en la privación temporal de los bienes ofrecidos por el deudor (sin privarse del uso o goce del mismo); esta garantía no tiene un costo adicional, ya que consiste en la mayoría de los casos, en bienes de la empresa.

7.2.3 Modificación de declaraciones

A este respecto el CFF dispone que las declaraciones correspondientes a pagos provisionales o anuales que presenten los contribuyentes sean

---

[99] MARTINEZ UC MIGUEL ANGEL (2006).. Consultado en 08 18 2013 en http://clubvirtual.gvaweb.com/admin/curricula/material/

[100] UNAM (2013).. Consultado en 18 06 2013 en http://info4.juridicas.unam.mx/ijure/fed/7/222.htm?s=.

definitivas y sólo se podrán modificar por el propio contribuyente hasta en tres ocasiones, siempre que no se haya iniciado el ejercicio de las facultades de **comprobación.** [101]

7.2.4 Compensación y devolución de impuestos

Compensación

Es una Figura jurídica[102] regulada en este ordenamiento que permite la extinción de una deuda con un saldo a favor, para lo cual los contribuyentes obligados a pagar mediante declaración podrán optar por compensar las cantidades que tengan a su favor contra las que estén obligados a pagar por adeudo propio o por retención a terceros, siempre que ambas deriven de impuestos federales distintos de los que se causen con motivo de la importación, los administre la misma autoridad y no tengan destino específico, incluyendo sus accesorios.

Sin embargo no se pueden compensar bajo este esquema los impuestos que se deban pagar por la importación de bienes o de servicios, los que sean administrados por autoridades distintas y aquellos que tengan un destino específico.

Esquema de impuestos federales para la compensación universal de saldos a favor:

Saldo a favor en:	ISR propio	IVA propio	IETU	IEPS propio	Tenencia de aeronaves	Retención ISR	Retención IVA	Retención IEPS
ISR propio	Sí	Sí	Sí	Sí	Sí	Sí	No	Sí
IVA propio	Sí	No*	Sí	Sí	Sí	Sí	No	Sí
IETU	Sí	Sí	Sí	Sí	Sí	Sí	No	Sí
IDE	Sí**	Sí	Sí	Sí	Sí	Sí**	No	Sí
IEPS	No	No	No	Sí	No	No	No	No
Tenencia de aeronaves	Sí	Sí	Sí	Sí	Sí	Sí	No	Sí

---

[101]   CAMARA DE DIPUTADOS (2012).. Consultado en 18 06 2013 en http://www.diputados.gob.mx/LeyesBiblio/ref/cff.htm.

[102]   Álvarez, Juan (2010). compensación universal. Consultado en 08 de junio del 2013 en http://www.sat.gob.mx/sitio_internet/home.asp.

---

*Se podrá compensar IVA contra IVA conforme al criterio 101/2011/IVA[103] (El saldo a favor del impuesto al valor agregado de un mes posterior podrá compensarse contra el adeudo a cargo del contribuyente por el mismo impuesto correspondiente a meses anteriores, con su respectiva actualización y recargos, de conformidad con el artículo 23, primer párrafo del Código Fiscal de la Federación, con relación al artículo 1 del mismo ordenamiento).

**El IDE pagado por el contribuyente a través de la recaudación que hacen las instituciones financieras se podrá acreditar (restar) contra el ISR a cargo del contribuyente y en el caso que exista remanente se podrá acreditar contra el ISR retenido a terceros, por lo que en estos dos casos el IDE no se aplica como compensación, cuando se trate del mismo periodo en el que se recaudó el IDE.

Esquema de impuestos federales para la compensación universal de pago de lo indebido:

Impuestos contra los que los que se puede compensar:

Pago indebido en:	ISR propio	IVA propio	IETU	IDE	IEPS propio	*Tenencia de aeronaves	Retención ISR	Retención IVA	Retención IEPS
ISR propio	Sí	Sí	Sí	No	Sí	Sí	Sí	No	Sí
IVA propio	Sí	Sí	Sí	No	Sí	Sí	Sí	No	Sí
IETU	Sí	Sí	Sí	No	Sí	Sí	Sí	No	Sí
IEPS propio	Sí	Sí	Sí	No	Sí	Sí	Sí	No	Sí
*Tenencia de aeronaves	Sí	Sí	Sí	No	Sí	Sí	Sí	No	Sí
Retención de ISR	Sí	Sí	Sí	No	Sí	Sí	Sí	No	Sí
Retención de IVA	Sí	Sí	Sí	No	Sí	Sí	Sí	No	Sí
Retención de IEPS	Sí	Sí	Sí	No	Sí	Sí	Sí	No	Sí

Devolución

Es el procedimiento mediante el cual el contribuyente en su clabe interbancaria solicita directamente al Estado, mediante la Administración

---

[103] UNAM (2013).. Consultado en 18 06 2013 en http://info4.juridicas.unam.mx/ijure/fed/7/51.htm?s=.

Local de Recaudación que le corresponda atendiendo a su domicilio fiscal, que se le devuelvan los pagos indebidos (saldos a favor).

El Artículo 22 del CFF cita que *"las autoridades fiscales devolverán las cantidades pagadas indebidamente y las que procedan conforme a las leyes fiscales".*[104]

Las devoluciones pueden ser por:

- Saldos a favor por cantidades pagadas indebidamente.
- Contribuciones por periodos (anual, mensual o pago definitivo.)

7.2.5 Plazos para presentar declaraciones mensuales

Los pagos provisionales y definitivos generalmente deben presentarse de forma mensual, a más tardar el día 17 del mes siguiente al que corresponda el pago; sin embargo el SAT publica en su página web las facilidades administrativas[105] otorgadas por decreto presidencial del día 29 de Mayo del 2002, otorgando a los contribuyentes de uno a cinco días más de plazo para que presenten sus declaraciones, de acuerdo al sexto dígito numérico de su RFC:

Sexto dígito numérico del RFC	Fecha límite de pago
1 y 2	Día 17 más un día hábil
3 y 4	Día 17 más dos días hábiles
5 y 6	Día 17 más tres días hábiles
7 y 8	Día 17 más cuatro días hábiles
9 y 0	Día 17 más cinco días hábiles

7.2.6 La condonación de contribuciones y accesorios

El Artículo 39 del CFF[106] contempla que se podrá condonar o eximir parcial o totalmente del pago de contribuciones y sus accesorios a los contribuyentes,

---

[104] SAT (2013).. Consultado en 08 18 2013 en ftp://ftp2.sat.gob.mx/asistencia_servicio_ftp/publicaciones/legislacion12/CFF.doc.

[105] SAT (2013).. Consultado en 22 06 2013 en http://www.sat.gob.mx/sitio_internet/informacion_fiscal/oe/59_7.html.

[106] SAT (2013).. Consultado en 08 18 2013 en http://www.sat.gob.mx/sitio_internet/informacion_fiscal/legislacion/52_22066.html.

además de autorizarles el pago a plazo, diferido o en parcialidades, cuando se haya afectado o trate de impedir que se afecte la situación de algún lugar o región del país, una rama de actividad, la producción o venta de productos, o la realización de una actividad, así como en casos de catástrofes sufridas por fenómenos meteorológicos, plagas o epidemias.

7.2.7 La condonación de multas

En el numeral 74 del CFF encontramos la disposición de que las autoridades fiscales podrán condonar las multas por infracción a las disposiciones fiscales, inclusive las determinadas por el propio contribuyente, para lo cual apreciará discrecionalmente las circunstancias del caso.

Asimismo, en el caso de que la multa se pague dentro de los 45 días siguientes a la fecha en que surta efectos la notificación al infractor de la resolución por la cual se le imponga la sanción, la multa se reducirá en un 20% de su monto, sin necesidad de que la autoridad que la impuso dicte nueva resolución. Fracción IV Artículo 75 de CFF.

Las multas se podrán cancelar por prescripción, a solicitud del contribuyente, una vez transcurrido el término de 5 años establecido en el artículo 146 del CFF contado a partir de que el crédito pudo ser exigido o a partir de la fecha de la última gestión en cobro.

Además se pueden cancelar los créditos fiscales que por su monto resultan incosteables en el cobro y aquellos en los que el contribuyente resulte insolvente según el artículo 146 del CFF, último párrafo, donde se menciona que se cancelarán de las cuentas públicas, no obstante que dicha cancelación no libera al deudor de su pago, esto es que si en determinado momento se pudiera hacer el cobro al contribuyente se le haría aunque ya estuviera cancelado, siempre y cuando no hayan transcurrido más de 5 años.

7.2.8 Prórroga del pago del impuesto para días inhábiles

El CFF en su penúltimo párrafo del Artículo 12 menciona que el contribuyente podrá presentar sus declaraciones si el último día del plazo o en la fecha determinada, las oficinas ante las que se vaya a hacer el trámite permanecen cerradas durante el horario normal de labores o se trate de un día inhábil, se prorrogará el plazo hasta el siguiente día hábil. Lo dispuesto en este Artículo es aplicable, inclusive cuando se autorice a las instituciones de crédito para recibir declaraciones. También se prorrogará el plazo hasta el siguiente día hábil, cuando sea viernes el último día del plazo en que se deba presentar la declaración respectiva, ante las instituciones de crédito autorizadas.[107]

7.2.9 Documentos como comprobantes fiscales

Comprobante fiscal

Es el documento que se recibe al adquirir un bien, un servicio o usar temporalmente bienes inmuebles (arrendamiento). Existen dos grupos de comprobantes: los que cumplen con todos los requisitos fiscales (comprobantes para efectos fiscales) y los simplificados.

El estado de cuenta como comprobante Fiscal.

El CFF establece los requisitos para que los estados de cuenta que expidan las entidades financieras y otras personas autorizadas para ello, puedan ser utilizados como comprobantes fiscales sin que en los mismos se tengan que consignar los impuestos trasladados. (Fracción II del artículo 29-B del Código Fiscal de la Federación y en la Regla I.2.8.2.3 de la Resolución Miscelánea Fiscal para 2012).

El Gobierno Federal, a través del Servicio de Administración Tributaria, informa que los gastos por la adquisición de bienes o el uso de servicios se pueden deducir, para efectos fiscales, con los estados de cuenta bancarios.

Con esta facilidad, no se requiere solicitar o conservar factura o comprobante simplificado de la compra, siempre que se pague con cheque nominativo, tarjeta de crédito o débito, con monedero electrónico o mediante traspaso de cuentas entre bancos.

Para poder cumplir con lo anterior, se requieren algunos requisitos mínimos como:

- Que cada transacción sea igual o inferior a 50 mil pesos sin incluir el importe del IVA, en su caso.

---

[107] SAT (2013).. Consultado en 08 18 2013 en http://www.sat.gob.mx/sitio_internet/informacion_fiscal/legislacion/52_22066.html.

- Que el estado de cuenta contenga el Registro Federal de Contribuyentes tanto de la persona que enajena el bien o preste el servicio, como de la persona que lo adquiere o recibe.
- Que quien adquiera los bienes o disfrute su uso o goce o reciba el servicio registren en su contabilidad las operaciones amparadas en el estado de cuenta.

Adicionalmente deberá conservar el original del estado de cuenta durante el plazo que establece el artículo 30 del Código Fiscal de la Federación. [108]

Operaciones ante un notario o fedatario público

La autoridad fiscal es muy clara al exigir que por cada enajenación se tenga que expedir una factura que cumpla ciertos requisitos comprobatoria de la operación realizada.

Sin embargo, hay casos en los que la misma autoridad exime de esa obligación a los contribuyentes cuando se da cuenta de que para realizar la enajenación fue necesario cumplir con una serie de requisitos de fondo y forma que en mucho le dan validez y certeza a la operación.

Tal es el caso de la enajenación de bienes inmuebles y de negocios o empresas. En la venta de este tipo de bienes no es necesario que se expida el comprobante fiscal que desglose la cantidad, clase de mercancías, así como valor unitario, ya que dicha información ya consta en la escritura pública necesaria para este tipo de operaciones.

Hay casos en los que la autoridad exime de esa obligación a los contribuyentes cuando se da cuenta de que para realizar la enajenación fue necesario cumplir con una serie de requisitos de fondo y forma que en mucho le dan validez y certeza a la operación.

El artículo 29 del Código Fiscal de la Federación menciona que cuando las leyes fiscales establezcan la obligación de expedir comprobantes por las actividades que se realicen, dichos comprobantes deberán reunir los requisitos que señala el artículo 29-A de dicho Código.

---

[108] CONTADOR MX (2013).. Consultado en 08 18 2013 en http://contadormx. com/2011/07/01/que-documentos-tambin-se-consideran-comprobantes-fiscales/.

Al respecto, el artículo 29-A, fracciones V y VI del Código Fiscal de la Federación establece que los comprobantes, además de los requisitos a que se refiere el artículo 29 del citado Código, deberán señalar la cantidad y clase de mercancías o descripción del servicio que amparen, así como el valor unitario consignado en número e importe total consignado en número o letra, así como el monto de los impuestos que en los términos de las disposiciones fiscales deban trasladarse, desglosado por tasa de impuesto, en su caso.[109]

La regla I.2.10.2., fracción III de la Resolución Miscelánea Fiscal para 2010[110], señala que no se requiere de la expedición de comprobantes impresos por establecimientos autorizados, en operaciones celebradas ante fedatario o notario público que se hagan constar en escritura pública.

Asimismo, el artículo 50 del Reglamento del CFF señala que para los efectos del artículo 29-A, fracción V del CFF, se considera que se cumple con el requisito de señalar la clase de mercancía, siempre que en la escritura publica se describa detalladamente las características esenciales como son marca, modelo, número de serie, especificaciones técnicas o comerciales, entre otros, a fin de distinguirlas de otras similares.

Derivado de lo anterior la autoridad aclara que, cuando se celebre la enajenación de negociaciones o empresas ante un notario o fedatario público y dicha operación sea elevada a escritura pública, no será necesario que adicionalmente se expida un comprobante fiscal que incluya todos los requisitos del articulo 29-A de Código, siempre que en la escritura pública se señale la clase de mercancía y se consigne el valor de cada concepto de manera que permita identificarlos en términos genéricos.

---

[109] SAT (2013).. Consultado en 22 06 2013 en http://www.sat.gob.mx/sitio_internet/informacion_fiscal/oe/59_7.html.

[110] SAT (2013).. Consultado en 11 06 2013 en http://www.ccpm.org.mx/avisos/DOF11junio2010anexo2.pdf.

BIBLIOGRAFIA

- Cámara de Diputados del H. Congreso de la Unión, Ley del Impuesto Sobre la Renta, vigente 2013, D.O.F. 1º Enero 2002, Última Reforma D.O.F. 31 Diciembre 2013.

- Chávez Pérez José; Fol Olguín, Raymundo; Agenda Tributaria Correlacionada, Ed. Taxx Editores, 15a Ed. México 2013.

- Chávez Pérez José; Fol Olguín, Raymundo; Taller de Practicas Fiscales, Ed. Taxx Editores, 24a Ed. México 2013.

- SICCO, S.A DE C.V., Leyes PAF Fiscal 2013, Ed. Gasca, 6a Ed. México 2013.

.- 2013, ley del ISR SAT (2013). LISR. Consultado en www.sat.gob. mx.55654tgf.

.-Álvarez, Juan (2013). Compensación universal. Consultado en 08 de junio del 2013 en http://www.sat.gob.mx/sitio_internet/home.asp.

.-Cámara de Diputados (2012). LA. Consultado en 07, 18,12 en http://www. diputados.gob.mx/LeyesBiblio/pdf/12.pdf.

.-Cárdenas, Guerrero Francisco (2006). Taller de ISR Personas Físicas con Actividad Empresarial. Consultado en 07 2012 en http://clubvirtual.gvaweb. com/admin/curricula/material/act%20emp.pdf.

.-CONTADOR MX (2013).. Consultado en 08 18 2013 en http:// contadormx.com/2013/07/01/que-documentos-tambin-se-consideran-comprobantes-fiscales/.DECRETO por el que se otorgan facilidades administrativas en materia de simplificación tributaria.

.-Diccionario Jurídico Mexicano. Instituto de Investigaciones Jurídicas. Editorial Porrúa.

.-Diez de Castro, Enrique Carlos, Gestión de Precios. Escuela Superior de Gestión Comercial y Marketing Editores. Madrid 1996, p.33

.-Diputados (2013). Ley del Impuesto al Valor Agregado. Consultado en 08, 18,13 en http://www.diputados.gob.mx/LeyesBiblio/pdf/77.pdf.

.-Diputados (2013). LISR. Consultado en 08, 18,13 en http://www.diputados.gob.mx/LeyesBiblio/pdf/82.pdf.

.-DOF (2013). DECRETO por el que se establece un estímulo fiscal a la importación o enajenación de cerveza sin alcohol, [en línea]. Consultado en 18 ago,2013.

.-DOF (2013). DECRETO que compila diversos beneficios fiscales y establece medidas de simplificación administrativa., [en línea]. Consultado en 18 ago,2013 en http://www.dof.gob.mx/nota_detalle.php?codigo=5241653&fecha=30/03/2013

.-DOF (2013). Resolución Miscelánea Fiscal para 2013. Consultado en 07, 18,13 en http://dof.gob.mx/nota_detalle.php?codigo=5227122&fecha=28/12/2013.

.-González Lemus Alberto ietu análisis y casos prácticos gasca sicco internet/ informacion_fiscal/legislacion/52_22066.html.

.-L-C-P. y M.I. Martín andalón amador (junio 2013). Efectos en la liva. Prontuario de actualización fiscal.

.-Lechuga, Santillán Efraín (2013). LISR. En (ed.), Agenda Fiscal 2013 (pp. 307-312). México: Ediciones Fiscales ISEF.

.-MARTINEZ UC MIGUEL ANGEL (2006).. Consultado en 08 18 2013 en http://clubvirtual.gvaweb.com/admin/curricula/material/Nacional, Financiera, SNC (2013). Flujo de Efectivo. Consultado en 07 07 2013 en http://mexico.smetoolkit.org/mexico/es/content/es/3570/Lo-que-importa-es-saber-cu%C3%A1nto-dinero-entra-y-cu%C3%A1nto-dinero-sale-.

.-paf.c Rodmyna Aurora Domínguez pastrana (julio 2013). Calculo de IVA. Grupo gasca, pp. 4.

.-Pérez Chávez Campera fol taller de prácticas fiscales isr, ietu, IVA, imss, infonavit 2013 editores tax

.-PEREZ CHAVEZ CAMPEROS POL (2013). AUTOTRANSPORTISTAS OBLOGACIONES FISCALES (PRIMERA edición). MEXICO DF: TAXX.

.-Prontuario de actualización fiscal (No. 496). Copropietarios. PAF, pp. 37.

.-Prontuario de actualización fiscal 2013 cengage learning

.-SAT (2010).. Consultado en 11 06 2013 en http://www.ccpm.org.mx/avisos/DOF11junio2010anexo2.pdf.

.-SAT (2013) Ley del LISR.. Consultado en 19 AGOSTO 2013 en http://www.sat.gob.mx/sitio_internet/informacion_fiscal/legislacion/

.-SAT (2013).. Consultado en 08 18 2013 en http://www.sat.gob.mx/sitio_internet/informacion_fiscal/legislacion/52_22066.html.

.-SAT (2013).. Consultado en 22 06 2013 en http://www.sat.gob.mx/sitio_internet/informacion_fiscal/oe/59_7.html.

.-SAT (2013). ANTEPENULTIMO PARRAFO ARTICULO 84 LISR.. Consultado en 19 AGOSTO 2013 en http://www.sat.gob.mx/sitio_internet/informacion_fiscal/legislacion/52_22066.html.

.-SAT (2012). Décima Segunda Resolución de Modificaciones a las Reglas de Carácter General en Materia de Comercio Exterior para 2011. Consultado en 08, 18,2013 en http://www.sat.gob.mx/sitio_internet/informacion_fiscal/legislacion/52_21252.html.

.-SAT (2013). Ley del Impuesto al Valor Agregado (artículo 1o.B). Consultado en 18 ago,2013

.-SAT (2013). Ley del Impuesto Especial sobre Producción y Servicios. Consultado en 18 ago,2013

.-SAT (2013). LISR Consultado en 07 07 2013 en ftp://ftp2.sat.gob.mx/asistencia_servicio_ftp/publicaciones/legislacion12/LISR_25052013.doc.

.-SAT (2013). PENULTIMO PARRAFO ARTICULO 83.. Consultado en 19 AGOSTO 2013 en http://www.sat.gob.mx/sitio_internet/informacion_fiscal/legislacion/52_22066.html.

.-SAT (2012). REGLA 1.1 RESOLUCION DE FACILIDADES ADMINISTRATIVAS PARA LOS SECTORES DE CONTRIBUYENTES EN QUE LA MISMA SE SEÑALAN PARA EL 2013.. Consultado en 19 AGOSTO 2013 en http://www.sat.gob.mx/sitio_internet/informacion_fiscal/legislacion/52_22066.html.

.-SAT (2013). REGLA 1.2 RESOLUCION DE FACILIDADES ADMINISTRATIVAS PARA LOS SECTORES DE CONTRIBUYENTES EN QUE LA MISMA SE SEÑALAN PARA EL 2013.. Consultado en 19 AGOSTO 2013 en http://www.sat.gob.mx/sitio_internet/informacion_fiscal/legislacion/52_22066.html

.-SAT (2013). REGLA 1.3 RESOLUCION DE FACILIDADES ADMINISTRATIVAS PARA LOS SECTORES DE CONTRIBUYENTES EN QUE LA MISMA SE SEÑALAN PARA EL 2013.. Consultado en 19 AGOSTO 2013 en http://www.sat.gob.mx/sitio_internet/informacion_fiscal/legislacion/52_22066.html.

.-SAT (2013). REGLA 1.4 RESOLUCION DE FACILIDADES ADMINISTRATIVAS PARA LOS SECTORES DE CONTRIBUYENTES EN QUE LA MISMA SE SEÑALAN PARA EL 2013.. Consultado en 19 AGOSTO 2013 en http://www.sat.gob.mx/sitio_internet/informacion_fiscal/legislacion/52_22066.html.

.-SAT (2013). REGLA 1.7 RESOLUCION DE FACILIDADES ADMINISTRATIVAS PARA LOS SECTORES DE CONTRIBUYENTES EN QUE LA MISMA SE SEÑALAN PARA EL 2013.. Consultado en 19 AGOSTO 2013 en http://www.sat.gob.mx/sitio_

.-SAT (2013). REGLA 2.2 RESOLUCION DE FACILIDADES ADMINISTRATIVAS PARA LOS SECTORES DE CONTRIBUYENTES EN QUE LA MISMA SE SEÑALAN PARA EL 2013.. Consultado en 19 AGOSTO 2013 en http://www.sat.gob.mx/sitio_internet/informacion_fiscal/legislacion/52_22066.html.

.-SAT (2013). Resolución Miscelánea Fiscal 2013, [en línea]. Consultado en 18 ago,2013

.-SAT (2013). SUJETOS DEL REGIMEN SIMPLIFICADO.. Consultado en 19 AGOSTO 2013 en http://www.sat.gob.mx/sitio_internet/ informacion_fiscal/legislacion/52_22066.html.

.-SE (2013). ALTEX, Consultado en 07/08/2013 en http://www. economia.gob.mx/comunidad-negocios/industria-y-omercio/ instrumentos-de-comercio-exterior/altex.

.-SE (2013). ECEEX. Consultado en 07/08/2013 en http://www. economia.gob.mx/comunidad-negocios/industria-y-comercio/ instrumentos-de-comercio-exterior/ecex...

.-SE (2013). IMMEX. Consultado en 07/08/2013 en http://www. economia.gob.mx/comunidad-negocios/industria-y-comercio/ instrumentos-de-comercio-exterior/immex.

.-SE /2013), PROSEC, Consultado en 08, 18,13) en http://www. economia.gob.mx/comunidad-negocios/industria-y-comercio/ instrumentos-de-comercio-exterior/prosec.

.-SHCP (2012). Resolución Miscelánea Fiscal para 2013. Consultado en 08, 18,13 en ftp://ftp2.sat.gob.mx/asistencia_servicio_ftp/.../RMF2012_2.doc.

.-Suprema Corte de Justicia de la Nación. (Enero de 2005). EMPRESAS INTEGRADORAS. LA OPCIÓN PARA TRIBUTAR EN EL RÉGIMEN SIMPLIFICADO DE LAS PERSONAS MORALES CONSTITUYE UN BENEFICIO FISCAL OPTATIVO.. Consultado en 31 Marzo 2012 en http://ius.scjn.gob.mx/paginas/Resultados.aspx? Epoca=3c78fffff3f7f&Apendice=10000000000&Expresion=integradoras &Dominio=Rubro&TATJ=2&Orden=1&Clase=TesisBL&bc=Jurisprudenc ia.Resultados&TesisPrincipal=TesisPrincipal.

.-UNAM (2012).. Consultado en 18 06 2013 en http://info4.juridicas.unam. mx/ijure/fed/7/51.htm?s=.

.-Universidad Nacional Autónoma de México. Primera Edición 2000. México, D.F. p.1862

.-www.diputados.gob.mx. *Código Civil Federal.* Art. 1281. Consultado en 08 de julio de 2013

.-www.diputados.gob.mx. *Código Fiscal de la Federación* (2000). Artículo 75. Consultado en 24 de agosto de 2013

.-www.diputados.gob.mx. *Ley del Impuesto al Valor Agregado* (2007). Artículo 2°C. Consultado en 08 de julio de 2013

.-www.diputados.gob.mx. *Ley del Impuesto Empresarial a Tasa Única.* Art 17 segundo párrafo (2010). Régimen de Pequeños Contribuyentes. Consultado en 08 de julio de 2013

.-www.diputados.gob.mx. *Ley del Impuesto Sobre la Renta* art. 137 segundo párrafo. Consultado en 25 de mayo de 2013.

.-www.sat.gob.mx. Secretaria de Hacienda y Crédito Público (30 de marzo de 2013). Decreto fiscal. Consultado en 08 de septiembre de 2013

Bolsa de Valores (2012). Glosario Bursátil. Consultado en 09282013 en https://www.bves.com.sv/glosario/g_a.htm.

CAMARA DE DIPUTADOS (2013).. Consultado en 18 06 2013 en http://www.diputados.gob.mx/LeyesBiblio/ref/cff.htm.

.-Cámara de Diputados (2012). LIGIE. Consultado en 07, 18,12 en http://www.diputados.gob.mx/LeyesBiblio/pdf/LIGIE.pdf.

.-Diccionario Financiero (2008).. Consultado en 28092013 en http://www.firstbankpr.com/?option=com_content&task=blogcategory&id=334&Ite ftp://ftp2.sat.gob.mx/asistencia_servicio_ftp/publicaciones/legislacion11/CCNII_09122011.pdf.ftp://ftp2.sat.gob.mx/asistencia_servicio_ftp/publicaciones/legislacion12/LISR_25052012.doc.ftp://ftp2.sat.gob.mx/asistencia_servicio_ftp/publicaciones/legislacion11/CCNII_09122011.pdf.

http://dof.gob.mx/nota_detalle.php?codigo=5255228&fecha=19/06/2012.

http://www.sat.gob.mx/sitio_internet/informacion_fiscal/legislacion/52_22066.html.http://www.sat.gob.mx/sitio_internet/informacion_fiscal/legislacion/52_22066.html.

.-Ramírez, José (2007). Inventarios. Consultado en 07 07 2013 en http://www.elprisma.com/apuntes/administracion_de_empresas/inventariosfundamentos/default.asp.

.-SAT (2013).. Consultado en 08, 18,2013 en ftp://ftp2.sat.gob.mx/asistencia_servicio_ftp/publicaciones/legislacion11/CCNII_09122011.pdf.

.-SAT (2013).. Consultado en 18 08 2013 en ftp://ftp2.sat.gob.mx/asistencia_servicio_ftp/publicaciones/legislacion12/LISR_25052013.doc.

.-SAT (2013). Otras disposiciones publicadas en el DOF 2013, [en línea]. Consultado en 18 ago,2013 en

GLOSARIO

ACCESORIO.- Significa que no tiene existencia y validez por si mismo, sino que su existencia, validez dependen de la existencia y validez de una obligación preexistente.

ACCIONES.- Títulos de crédito, representativos, en las llamadas sociedades de capital (sociedad anónima y sociedad en comandita por acciones) de una parte de éste, y que confieren a sus tenedores los derechos correspondientes a su calidad de socios. El capital de estas sociedades mercantiles se divide en acciones representativas (o incorporadas) por títulos de crédito, que sirven para acreditar y transmitir la calidad y los derechos de los socios (*Art. 111 Ley General de Sociedades Mercantiles*).

ACCIONES DE GOCE.- Cuando el contrato social autoriza la amortización de acciones con utilidades repartibles, la sociedad podrá emitir, a cambio de las acciones amortizadas, acciones de goce (Art. 136, fracción IV, de la Ley General de Sociedades Mercantiles). Las acciones de goce atribuyen a sus tenedores derechos a las utilidades líquidas de la sociedad, después de que haya sido pagado a las acciones no reembolsadas el dividendo establecido en el contrato social. En caso de liquidación de la sociedad, las acciones de goce concurrirán con las acciones no reembolsadas en el reparto del haber social, después de que las últimas hayan sido íntegramente cubiertas, salvo que el contrato social establezca un criterio distinto para el reparto del excedente. El contrato social podrá conceder el derecho de voto a las acciones de goce.

ACREDITAR.- Abonar una partida en un libro de cuenta. Dar seguridad de que alguna persona o cosa es lo que representa o aparece. Salir fiador de una persona, abonarla. Dar testimonio en documento fehaciente de que una persona tiene facultades para desempeñar comisión, encargo diplomático, oficial, comercial o de cualquier otro género. un documento acreditativo de un evento o suceso, que se transcribe a papel para mejor constancia.

ACTIVO FIJO.- Las propiedades, bienes materiales, o derechos que en el curso normal de los negocios no están destinados a la venta, sino que representan la inversión del capital de una empresa en las cosas usadas o aprovechadas por ella, de modo continuo, permanente o semipermanente, en la producción o en la fabricación de artículos para la venta o en la prestación de servicios a la propia negociación, a su clientela o al público en general. Activo fijo intangible. Es el formado por valores definidos pero que no tienen representación física, tales como: patentes, marcas, concesiones, crédito mercantil, etc.

ACTO.- El tecnicismo jurídico, manifestación de voluntad producida unilateral o pluralmente con la finalidad de producir una consecuencia de orden jurídico.

ACTOS DE RESOLUCION.- Son declaraciones de voluntad de la Autoridad fiscal que tienen por objeto la producción de determinadas consecuencias jurídicas.

ADJUDICACIÓN.- En términos generales, acto judicial consistente en la atribución como propia a persona determinada de una cosa, mueble o inmueble, como consecuencia de una subasta o participación hereditaria, con la consiguiente entrega de la misma a la persona interesada.

ADMINISTRADOR.- Persona que tiene a su cargo la administración de un bien

o patrimonio cualquiera.

ADQUISICIÓN.- Acto o hecho en virtud del cual una persona adquiere el dominio y propiedad de una cosa - mueble o inmueble - o algún derecho real sobre ella. Significa también cosa adquirida. Puede tener efecto: a título oneroso o gratuito; a título singular o universal, y mortis causa o ínter vivos.

ALEGATOS.- Exposición oral o escrita de los argumentos de las partes sobre el fundamento de sus respectivas pretensiones una vez agotada la etapa probatoria y con anterioridad al dictado de la sentencia de fondo.

AMORTIZACIÓN.- Pasar los bienes a manos muertas que no los pueden enajenar, vinculándolos en una familia o en algún establecimiento. Redimir o extinguir un censo, pensión o renta, restituyendo al acreedor el precio o capital entregado para su constitución o dándole la correspondiente indemnización. En el comercio y en la industria; compensar las inversiones efectuadas, disminuir progresivamente el valor de ciertas instalaciones y elementos por deterioro, para constituir un fondo que permita su renovación.

ANTICIPOS.- Las cantidades entregadas como parte o a cuenta de una o varias operaciones. Préstamos que hacen los bancos sobre el valor de ciertos títulos de crédito.

APORTACIONES DE CAPITAL.- Las sumas pagadas en efectivo o aportadas en bienes o derechos por los socios o accionistas de una sociedad, para integrar el capital de ésta.

APROVECHAMIENTO.- Aquellos ingresos que percibe el Estado por funciones de derecho público distintos de contribuciones, de los ingresos derivados de financiamientos y de los que obtengan los organismos descentralizados y las empresas de participación estatal...

ARRENDAMIENTO FINANCIERO.- Es el contrato por el cual una persona se obliga a otorgar a otra el uso o goce temporal de bienes tangibles a plazo forzoso, obligándose esta última a liquidar, en pagos parciales como contraprestación, una cantidad en dinero determinada o determinable que cubra el valor de adquisición de los bienes, las cargas financieras y los demás accesorios y a adoptar al vencimiento del contrato alguna de las opciones terminales que establece la ley de la materia. *Art. 15 primer párrafo del Código Fiscal de la Federación.*

AUTORIDAD.- Potestad legalmente conferida y recibida para ejercer una función pública, para dictar al efecto resoluciones cuya obediencia es indeclinable bajo la amenaza de una sanción y la posibilidad legal de su ejecución forzosa en caso necesario.

AUTORIDAD FISCAL.- Dícese del representante del poder público que está facultado para recaudar impuestos, controlar a los causantes, imponer sanciones prevista por el Código Fiscal, interpretar disposiciones de la ley, etc.

AVAL.- Garantía total o parcial del pago de una letra de cambio y en general de un título de crédito.

AVALÚO.- Estimación del valor, o importe de una cosa en moneda del país o en aquella otra de que se trate. Tasación. Justiprecio.

AVISO.- Noticia. Informe. Advertencia. Prevención. Forma escrita de comunicar medidas y sobre todo innovaciones.

BENEFICIARIO.- Quien goza de un territorio, previo usufructo recibido por gracia de otro superior al cual reconoce. Persona a quien favorece un contrato de seguro específicamente los llamados de vida o supervivencia.

BIENES.- Es algo apto para la satisfacción de una necesidad. Los bienes pueden ser materiales o inmateriales, de orden moral, estimables o no en dinero, de naturaleza sentimental o intelectual, y así sucesivamente. Como las necesidades humanas son infinitamente numerosas y variadas, y como por bien debe entenderse todo lo que pueda satisfacerlas, total o parcialmente, de ello se sigue que también los bienes son en número infinito.

BIENES INMUEBLES.- Se tienen como tales aquéllos que no se pueden trasladar de un lugar a otro sin alterar, en algún modo, su forma o sustancia, siéndolo, unos, por su naturaleza, otros, por disposición legal expresa, en atención a su destino (arts. 750 a 751 del Código Civil para el Distrito Federal).

BIENES MUEBLES.- De acuerdo con el artículo 752 del Código Civil para el Distrito Federal los bienes son muebles por su naturaleza o por disposición de ley. // Son muebles por su naturaleza los muebles que pueden trasladarse de un lugar a otro, ya se muevan por sí mismos, ya por efecto de una fuerza exterior (art. 753 del código citado). Son bienes muebles por disposición de la ley las obligaciones y los derechos o acciones que tienen por objeto cosas muebles o cantidades exigibles en virtud de acción personal (art. 754 del código citado).

BONIFICACIÓN.- Rebaja o descuento sobre el precio de una mercancía que se concede generalmente a un intermediario o a persona relacionada con la entidad o el vendedor por algún concepto especial, socio, amigo, colega. Nombre de algunas remuneraciones especiales.

BONO.- Título de crédito representativo de la participación de su tenedor en un crédito colectivo a cargo de una sociedad anónima. Este título se conoce también con el nombre de "obligación".

CADUCIDAD.- Lapso que produce la extinción de una cosa o de un derecho. Pérdida de la validez de una facultad por haber transcurrido el plazo para ejecutarla.

CAPITAL.- Bajo el punto de vista jurídico, capital es el conjunto de bienes de propiedad de una persona resumidos en su valor monetario. Contablemente, su opción se integra con el activo neto que tenga el empresario comercial individual y con las reservas sociales, las primas de emisión, los beneficios obtenidos, el capital contante de la empresa, los bienes y demás que posea en propiedad la empresa.

CAPITAL SOCIAL.- Monto global del valor neto correspondiente a los bienes aportados, o que se han prometido aportar en cumplimiento de la obligación tomada al suscribir las acciones de una sociedad. El capital social, que está constituido por los aportes, constituye el patrimonio de la sociedad. Esto último dentro de la técnica de los negocios, está formado por la masa activa de los bienes; y en el tecnicismo jurídico queda comprendido, no sólo el activo, sino también el pasivo, es decir, los bienes y las deudas.

CASO FORTUITO.- Acontecimiento que no ha podido ser previsto, pero que aunque lo hubiera sido, no habría podido evitarse.

COEFICIENTE DE UTILIDAD.- El porcentaje que respecto de sus ventas o ingresos totales, representan las utilidades de operación de una empresa.

COMPENSACIÓN.- Modo de extinción de obligaciones recíprocas que produce su efecto en la medida en que el importe de una se encuentre comprendido en el de la otra (arts. 2185 a 2205 del Código Civil para el Distrito Federal).

COMPROBANTE.- Documento que sirve de prueba de un desembolso en efectivo; ejemplos: una factura pagada, un cheque cancelado, un recibo de caja chica, una copia al carbón de un cheque. Documento que sirve como evidencia de la autoridad que se tiene para autorizar un desembolso en efectivo. Ejemplos: una factura aprobada de un proveedor; una nómina.

CONDONACIÓN.- Liberación de una deuda, hecha a título gratuito, por el acreedor en favor del deudor.

CONSOLIDACIÓN.- Sinónimo de "fusión", con la diferencia de que en la fusión de compañías, una de ellas continúa en existencia, mientras que en la consolidación todas las compañías antiguas desaparecen para formar una sola.

CONSTANCIA.- Acción y efecto de hacer constar alguna cosa de manera fehaciente; dejar constancia de los hechos.

CONTRATO.- Es el acuerdo de dos o más personas para crear, transferir, modificar o extinguir obligaciones. Los convenios que producen o transfieren las obligaciones y derechos toman el nombre de contratos. *Código Civil para el Distrito Federal, arts. 1792 y 1793.*

CONTRIBUCIÓN.- El tributo impuesto a los ciudadanos y habitantes de un país, para subvenir a los gastos del Estado.

CONTRIBUYENTE.- Persona física o moral que realiza el pago de sus impuestos de conformidad con las leyes fiscales.

COPROPIEDAD.- Derecho de tenencia que dos o más personas físicas o morales tienen sobre un bien mueble o inmueble.

CRÉDITO.- Derecho que tiene una persona (acreedora) de recibir de otra (deudora), la prestación a que ésta se encuentra obligada. // (Solvencia).

CUANTÍA.- Importe de lo reclamado en juicio.

CHEQUE PARA ABONO EN CUENTA.- Es aquél en que el librador o el tenedor prohíben su pago en efectivo, precisamente mediante la inserción en el texto del mismo de la expresión "para abono en cuenta" (art. 198 de la Ley General de Títulos y Operaciones de Crédito).

DACIÓN EN PAGO.- Es la recepción voluntaria por parte del acreedor de un hecho distinto de aquel al que tenía derecho a exigir como tal acreedor. Importa, por tanto, excepción al principio de ser la entrega de lo convenido o la realización de un hecho al medio normal del cumplimiento de la obligación.

DECLARACIÓN.- Manifestación escrita que se presenta a las autoridades fiscales para la liquidación y pago de impuestos.

DECRETO.- Acto del Poder Ejecutivo referente al modo de aplicación de las leyes en relación con los fines de la administración pública.

Disposición de un órgano legislativo que no tiene el carácter general atribuido a las leyes. Resolución judicial que contiene una simple determinación de trámite (art. 79 del Código de Procedimientos Civiles para el Distrito Federal).

DEDUCCIONES.- Los gastos, compras e inversiones estrictamente indispensables para la realización de la actividad. Ejemplo: La nómina, la compra de refacciones y de combustibles.

DEUDA.- Obligación que uno tiene de pagar, satisfacer o reintegrar a otro.

DICTAMEN.- Opinión o consejo que el perito en cualquier ciencia o arte formula, verbalmente o por escrito, acerca de una cuestión de su especialidad, previo requerimiento de las personas interesadas o de una autoridad de cualquier orden, o espontáneamente, para servir un interés social singularmente necesitado de atención.

DIVIDENDO.- El derecho al dividendo es un derecho individual que corresponde a todos los socios, a percibir un beneficio económico, en forma más o menos regular, de las utilidades que obtenga la sociedad. // Esta palabra se entiende en dos sentidos: el de cuota a repartir entre los accionistas de una sociedad deducida del beneficio total obtenido por la empresa durante cada ejercicio (dividendo activo), y el de cuota a deducir de la parte de capital que representa cada acción destinada a constituir un fondo con el cual cubra las necesidades u obligaciones de la empresa (dividendo pasivo).

DONATIVO.- Se entiende por donativo la cantidad en efectivo, especie o crédito producto de una donación. Se identifica con dos efectos fiscales, uno para el donante y otro para el donatario.

EJERCICIO FISCAL.- Instrumento creado ex lege para controlar el nacimiento y cumplimiento de las obligaciones fiscales a cargo del contribuyente. // Periodo comprendido entre el 1o. de enero y el 31 de diciembre de cada año para los propósitos fiscales.

ENMBARGO EN LA VIA ADMINISTRATIVA.- Consiste en que el fisco, a propuesta del deudor, traba, fuera del procedimiento administrativo de ejecución y como su nombre lo indica, en forma preventiva, embargo sobre los bienes de la persona de tal forma que su valor alcance para cubrir el importe del crédito fiscal y sus accesorios.

ENAJENACIÓN.- La transmisión de la propiedad de una cosa a cambio de otra (como en la compraventa o en la permuta) o gratuitamente (como en la donación y el préstamo sin interés). Demencia, locura.

ESTADO DE POSICIÓN FINANCIERA.- Es un estado sobre el activo, el pasivo y capital en una fecha determinada. También se le conoce como balance general.

ESTADOS FINANCIEROS.- Se aplica especialmente para designar al balance general y al estado de pérdidas y ganancias, pero también se usa para denotar otros estados relativos a la situación económica o a los resultados de cualquier negocio, persona o corporación.

ESTIMACIÓN.- Determinación del valor o valores del o los parámetros de un cierto modelo, con base en la observación de los resultados de un experimento.

EXCEPCIÓN.- En sentido general, exclusión de regla o generalidad. Caso o cosa aparte, especial, privilegio, dispensa o licencia particular, exención del servicio militar. En derecho procesal, título o motivo que como medio de, defensa contradicción o repulsa, alega el demandado para excluir, dilatar o enervar la acción o la demanda del actor. Por semejanza, alegato de un procesado, para substraerse a los efectos de la acusación; como existir una amnistía.

EXIGIBLE.- Lo que puede o debe exigirse o demandarse. Aquello que por derecho propio o ajena obligación cabe pedir a otro o hacerlo cumplir. Deuda vencida, si era a plazo; o, por ser pura, la que ha de saldarse en el acto en que la reclame el acreedor.

FACTURA.- Documento extendido para hacer constar la mercancía o mercancías que han sido objeto de una operación comercial y el importe de ésta para su cobro.

FACULTAD.- Derecho subjetivo. Atribución fundada en una norma del derecho positivo vigente. Posibilidad jurídica que un sujeto tiene de hacer o no hacer algo. Atribución jurídica conferida a un particular.

FEDATARIO.- Sinónimo de notario porque éste da fe de los actos que ante él se hace cuando interviene en ejercicio de sus funciones.

FEDERACIÓN.- Sistema de organización política en el cual diversas entidades o grupos humanos dotados de personalidad jurídica y económica propia se asocian, sin perder su autonomía en lo que les es peculiar, para formar un solo Estado (denominado Federal) con el propósito de realizar en común los fines característicos de esta institución.

FIANZA.- Es el contrato por virtud del cual una de las partes llamada fiador se obliga ante la otra llamada acreedor al incumplimiento de una prestación determinada para el caso de que un tercero, deudor de este último, no cumpla con su obligación.

FLUCTUACIÓN.- Vacilación, incertidumbre, duda al resolverse en cuanto a actuar o abstenerse. Oscilación, alternativas de alta y baja que experimentan en lapsos breves, incluso dentro de un mismo día los valores bursátiles, las monedas en el mercado internacional o local y los precios de los artículos, a causa de la oferta y la demanda, la solidez de las naciones o empresas y la calidad o abundancia de los productos.

GANANCIA.- Genéricamente utilidad, provecho, beneficio. Adquisición de bienes mediante el trabajo o actividad lucrativa.

GARANTÍA.- Afianzamiento, fianza. Cosa dada para la seguridad de algo o de alguien.

GRAVAMEN.- Cargo u obligación que pesa sobre alguien, que ha de ejecutar o consentir una cosa o beneficio ajeno. Derecho real o carga que se impone sobre un inmueble o caudal. En la primera acepción el gravamen es personal, y es preferible hablar de obligación, en el segundo, el gravamen es real, o en sentido .estricto para el Derecho Inmobiliario. Como gravámenes pueden citarse principalmente los censos, hipotecas, prendas y servidumbres. En Derecho Fiscal, gravamen equivale a contribución o impuesto.

HONORARIOS.- Remuneración, estipendio o sueldo que se concede por ciertos trabajos o actividades. Generalmente se aplica el vocablo a las profesiones liberales, cuando no hay relación de dependencia económica entre las partes, y donde fija libremente su retribución el que desempeña la actividad o presta los servicios.

HOSPEDAJE.- Contrato en virtud del cual una persona presta a otra albergue, mediante la retribución convenida, comprendiéndose o no los alimentos y demás atenciones inherentes al mismo, según se estipule (arts 2666 al 2668 del Código Civil para el Distrito Federal).

INGRESO ACUMULABLE.- Aquel que debe adicionarse a otros para causar unos impuestos. Ej.: si una empresa obtiene ingresos por la venta de los productos que fabrica y por la renta de una parte de sus inmuebles, ambos ingresos deben acumularse para que, ya consolidados causen el impuesto correspondiente.

INGRESOS BRUTOS.- Aquel que no considera disminuciones por ningún concepto. Ingreso total.

INGRESOS NOMINALES.- Para efectos fiscales se entiende por ingresos nominales los ingresos acumulables excepto la ganancia inflacionaria, así como los ingresos por intereses y la ganancia cambiaría, sin restarle el componente inflacionario.

INTERÉS.- En un sentido estricto, se identifica con el provecho, rendimiento o utilidad que se obtiene del capital (dinero). Asimismo, puede considerarse como el beneficio económico que se logra de cualquier clase de inversión. En un sentido más amplio: compensación en dinero o en cualquier valor que recibe el acreedor en forma accesoria al cumplimiento de una obligación.

INVENTARIO.- Acción de contar y controlar todas y cada una de las partidas y sus unidades, que conforman el saldo de cada una de las cuentas del balance general.

INVERSIÓN.- Acrecentamiento o reposición del capital de una economía, es decir, acumulación de capital. Las propiedades, bienes materiales o derechos que en el curso normal de los negocios no están destinados a la venta, sino que representan la inversión de capital o patrimonio de una dependencia o entidad en las cosas usadas o aprovechadas por ella, de modo periódico, permanente o semi-permanente, en la producción o en la fabricación de artículos para venta o la prestación de servicios a la propia entidad, a su clientela o al público en general. Por ejemplo: la maquinaria de las compañías industriales, las instalaciones y equipos de las empresas de servicios públicos, los muebles y enseres de las casas comerciales, el costo de concesiones y derechos, etc.

LUCRO.- Ganancia, provecho, utilidad o beneficio que se obtiene de alguna cosa, más especialmente, el rendimiento conseguido con el dinero.

MANDATO.- Contrato por el cual una persona llamada mandatario se obliga a ejecutar por cuenta de otra denominada mandante los actos jurídicos que éste le encarga.

MAQUILA.- Cuota que se conviene pagar a un tercero para la transformación total o parcial de una materia prima que lleva a cabo el maquilador en sus instalaciones.

MULTA.- Pena pecuniaria que se impone por una falta delictiva, administrativa o de policía o por incumplimiento contractual.

NOTIFICACIÓN.- Es el medio legal por el cual se da a conocer a las partes o a un tercero el contenido de una resolución judicial.

OBLIGACIÓN.- La relación jurídica establecida entre dos personas, por la cual una de ellas (llamada deudor), queda sujeta para otra (llamada acreedor), a una prestación o a una abstención de carácter patrimonial, que el acreedor puede exigir del deudor.

PAGO DE LO INDEBIDO.- Realización por error, de una prestación que no hay obligación de cumplir y que da lugar al derecho de repetición.

PARTICIPACIÓN DE UTILIDADES.- Derecho reconocido a los trabajadores a percibir, además de su salario, un beneficio proporcional a las utilidades del patrón. De acuerdo a la Constitución Política de los Estados Unidos Mexicanos, en toda empresa agrícola, comercial, fabril o minera, los trabajadores tendrán derecho a una participación en las utilidades, que será fijada por una Comisión Nacional integrada por representantes de los trabajadores, de los patronos y del gobierno (Art. 123 apartado A fracción IX). *Este derecho es actualmente en México, no una simple promesa constitucional, sino un derecho efectivo, reglamentado en la Ley Federal del Trabajo.*

PATRIMONIO.- Suma de bienes y riquezas que pertenecen a una persona. Es el conjunto de derechos y obligaciones que corresponden a un solo titular.

PERSONA FÍSICA.- Quien como individuo realiza una actividad para obtener un ingreso, a diferencia de las personas morales que para la realización de su objeto requiere constituirse legalmente como mínimo a partir de dos personas o más.

PERSONA MORAL.- Entidad formada para la realización de los fines colectivos y permanentes de los hombres, a la que el derecho objetivo reconoce capacidad para tener derechos y obligaciones.

PLAZO.- Espacio de tiempo que generalmente se fija para la ejecución de actos procesales unilaterales, es decir, para las actividades de las partes fuera de las visitas.

PRENDA.- Derecho real constituido sobre un bien mueble enajenable para garantizar el cumplimiento de una obligación y su preferencia en el pago.

PRESCRIPCIÓN.- Medios de adquirir bienes (positiva) o de librarse de obligaciones (negativa) mediante transcurso de tiempo y bajo las condiciones establecidas al efecto por la ley.

PRÉSTAMO.- Contrato por el cual una persona entrega a otra dinero o bienes de distinta especie para que lo use o disponga de ellos, con la obligación de restituirle una cantidad de dinero igual o la misma cosa que recibió.

PRESUNCIÓN.- Operación lógica mediante la cual, partiendo de un hecho conocido, se llega a la aceptación como existen de otro desconocido o incierto.

PREVISIÓN SOCIAL.- El conjunto de acciones públicas o privadas destinadas a la protección de la población en general y de los trabajadores y de sus familias en particular, contra las contingencias o desastres que provengan de situaciones imprevistas.

PRIMA.- Contraprestación que el asegurado se obliga a satisfacer a la compañía aseguradora, en correspondencia a la obligación que ésta contrae de cubrir el riesgo y que se representa el costo del seguro.

PROCEDIMIENTO ADMINISTRATIVO DE EJECUCION.- Conjunto de actos que se realizan en el tiempo y por medio de los cuales se pretende la obtención por vía coactiva, (del crédito fiscal) debido por el deudor.

RECIBO.- Documento extendido para hacer constar que se ha recibido una cosa o una cantidad de dinero, y en qué concepto.

REINCIDENCIA.- Comisión de un delito igual o de la misma especie después del cumplimiento total o parcial o de la remisión de la pena impuesta por otro anteriormente cometido, supuesto que desde el cumplimiento o remisión de la pena anterior hasta la comisión del nuevo delito no haya transcurrido cierto tiempo que haga parecer como rota la relación jurídico-penal entre ambos actos.

REMUNERACIÓN.- Efecto de remunerar. Cantidad entregada por tal concepto. Salario, sueldo, honorarios.

REQUERIMIENTO.- Intimación que se dirige a una persona para que haga o deje de hacer alguna cosa, o para que manifieste su voluntad con relación a algún asunto.

RESOLUCIÓN.- Modo de dejar sin efecto una relación jurídica contractual, bien en virtud del mutuo disenso de las partes (resolución voluntaria), bien a causa del no cumplimiento de una de ellas, por imposibilidad del cumplimiento de la prestación o por la excesiva onerosidad de ésta (resolución legal). Inglesa accountability, que en su acepción original significa "ser sujeto a la obligación de reportar, explicar, justificar algo; ser responsable ante alguien de algo. Se define como la obligación permanente de los mandatarios para informar a sus mandantes de los actos que llevan a cabo como resultado de una delegación e autoridad. La rendición de cuentas es el requerimiento de que le hace, en particular, a una organización pública, para explicar a la sociedad sus acciones y aceptar consecuentemente la responsabilidad de las mismas. Guillermo O´Donnell clasifico la rendición de cuentas en horizontal y vertical.

RETENCIÓN DE IMPUESTOS.- Obligación establecida por las leyes fiscales a cargo de la persona física o moral que ejerce control sobre la fuente económica del tributo, a efecto de que, de la misma, recaude y entere al fisco el monto del impuesto de un contribuyente determinado.

SAT.- Servicio de Administración Tributaria.

SALARIO.- Es la retribución que debe pagar el patrón al trabajador por su trabajo (art. 82 de la Ley Federal del Trabajo).

SANCIÓN.- Castigo que recibe un causante, generalmente de carácter pecuniario (multa), por infringir disposiciones relacionadas con obligaciones de carácter fiscal contenidas en las leyes impositivas.

SUBARRENDAMIENTO.- Dar o tomar en arrendamiento una cosa no del dueño de ella ni de su administrador sino de otro arrendatario de la misma.

SUBSIDIO.- El subsidio es un apoyo de carácter económico que el Estado concede a las actividades productivas de los particulares con fines de fomento durante períodos determinados y que se considera como la especie del género denominado subvención.

TARIFA.- Se define a las tarifas como las tablas o catálogos de precios, derechos o impuestos que se deben pagar por algún servicio o trabajo que se realice, existen diversos tipos de tarifas y las definiciones de las mismas se desprenden de diversas disposiciones jurídicas. En este contexto, encontramos que las más frecuentes son las tarifas de derrama, la proporcional y las progresivas.

TASA.- Interés de un capital. Generalmente se expresan en porcientos.

TERCERO.- Quien no es parte en un acto, contrato o proceso. Persona que se incorpora a un proceso en civil en curso utilizando cualquiera de las formas de intervención autorizadas al efecto por el ordenamiento jurídico procesal.

USUFRUCTO.- Derecho real, de eficacia temporal que otorga al titular el disfrute de las utilidades que derivan del normal aprovechamiento de la cosa ajena, condicionado con la obligación de devolver, en el término fijado al efecto, la misma cosa o su equivalente. (arts. 980 a 1048 del Código Civil para el Distrito Federal).

UTILIDAD.- Provecho, beneficio, conveniencia, interés o fruto, que se obtiene de una cosa. El excedente del precio de venta sobre el costo en cualquier transacción accidental.

VIÁTICO.- Cantidad que, independientemente de su sueldo, aunque proporcionada a él, se entrega, para cubrir los gastos del viaje, al funcionario público que lo realiza en cumplimiento de una obligación dependiente del ejercicio de su cargo.

VISITA DOMICILIARIA.- Reconocimiento de una casa - domicilio practicado por la autoridad judicial o administrativa con ocasión de una investigación criminal o de naturaleza fiscal, sanitaria, etcétera.

BIOGRAFÍA DEL AUTOR

Ricardo Anguiano Carrizales, Rita Carrillo Arellano, Francisco Javier Casillas Melchor, Adriana Deniz Estrada, Pedro González Mojica, Elizabeth Gudiño Mendoza, Víctor Francisco Lechuga Ortiz, Yanira Martínez Contreras, Angélica María Mejía Herrera, Mirsha Alejandro Pizano Vargas, Ana Estefanía Ponce de León, Cesar Iván Reyna Sánchez, Martha Alicia Rivas Delgado, Juan Carlos Villafania Díaz, Olympia del Carmen Yáñez Ventura.

Son un grupo de personas con destacada experiencia en su ramo dentro del área fiscal ya sea como asesores y consultores, además con vasta experiencia como catedráticos a nivel Universitario y Postgrado.